B2

Lesetraining neu

für das Goethe-Zertifikat B2

Daniela Paradi-Stai

Agapi Virginia Spyratou

Hueber

2. Auflage 2026

www.karabatos.gr
Verlagsredaktion: Manuela Georgiakaki, Athen
Umschlagfoto: © Pixabay
Umschlaggestaltung, Layout und Herstellung: ms design, Athen

Printed in Greece
ISBN 978-960-465-087-3 | dt. ISBN 978-3-19-111684-2

Einige Worte zum Buch und zum Modul LESEN des Goethe-Zertifikats B2

Das **Lesetraining B2 neu** ermöglicht eine systematische und effektive Vorbereitung auf das Modul LESEN des Goethe-Zertifikats B2.

Teil A des Trainingsbuchs bietet Tipps zur Bearbeitung der Aufgaben in den fünf Teilen des Moduls. Außerdem wird Wortschatz geübt und es werden bestimmte Grammatikphänomene wiederholt, die für das Verstehen von Texten wichtig sind. Auch wird auf verschiedene Fallen hingewiesen, zusammen mit Tipps, wie man sie vermeiden kann. Die Texte in Teil A des Buches sind noch relativ leicht, sodass sie bereits früh im B2-Kurs bearbeitet werden können.

Teil B des Trainingsbuches enthält 5 Modelltests, bei denen alle Aufgaben, aber auch Schwierigkeit und Länge der Texte genau wie in der Prüfung sind.

Das Modul LESEN des Goethe-Zertifikats B2 besteht aus 5 Teilen. Die Tabelle informiert über die Form der Aufgaben, die vorgeschlagene Arbeitszeit und die Messpunkte, die man bei jedem Teil erreichen kann.

Teil	Aufgabe	vorgeschlagene Arbeitszeit	Messpunkte
1	4 Forumstexte 9 Aussagen zuordnen	18 Min.	9
2	in einen Artikel mit 6 Lücken die passenden 6 von 8 Sätzen einfügen	12 Min.	6
3	zu einem Artikel 6 Multiple-Choice-Aufgaben lösen	12 Min.	6
4	7 Meinungsäußerungen 6 Überschriften zuordnen	12 Min.	6
5	in Studienordnung oder ähnlichem Text für 3 Abschnitte die passende aus 7 Überschriften auswählen	6 Min.	3
	Prüfungszeit insgesamt	60 Min. + 5 Min.	30

In der Prüfung bekommen Sie alle fünf Teile zusammen zu Beginn der Prüfungszeit. Sie können selbst entscheiden, in welcher Reihenfolge Sie die Aufgaben bearbeiten und wie viel Zeit Sie für jede Aufgabe verwenden möchten. Die Minuten, die in der Tabelle für jeden Teil angegeben sind, sind nur eine Empfehlung.

Nach den 60 Minuten haben Sie weitere 5 Minuten Zeit, um Ihre Ergebnisse auf den Antwortbogen zu übertragen.

Inhaltsverzeichnis

Teil A

Übungstest 1

Übungstest 2

Übungstest 3

Übungstest 4

Übungstest 5

Teil B

Modelltest 1

Modelltest2

Modelltest 3

Modelltest 4

Modelltest 5

1 ÜBUNGSTEST Teil 1

1 Warum kommunizieren die Jugendlichen auf dem Foto nicht miteinander?
Haben Sie so eine Situation auch schon erlebt?

2 Medien haben Vorteile, aber auch Nachteile, wenn man sie zu extensiv nutzt. Welche Aspekte des Medienkonsums sind positiv, welche negativ? Ergänzen Sie die Aspekte in der Tabelle. Dann diskutieren Sie über Ihre Lösungen.

Zeitverschwendung • ständig Neuigkeiten erhalten • Vereinsamung • soziale Isolation • keine Kommunikation von Angesicht zu Angesicht • schnell und unkompliziert interagieren

+	–

3 a Lesen Sie die Arbeitsanweisung von Aufgabe 4. Zu welchem Thema nehmen die Jugendlichen Stellung im Forum? Unterstreichen Sie.

b Was versteht man unter Mediennutzung? Ergänzen Sie mögliche Aspekte.

Mediennutzung

- Möglichkeiten der sozialen Netzwerke
- Einfluss der Medien auf unser Leben
- welche ________
- warum ________
- wie oft ________
- wie ________

c Lesen Sie in Aufgabe 4 die Aussagen 1–6 und unterstreichen Sie die Schlüsselwörter.

Tipp

Schlüsselwörter sind die 2–3 wichtigsten Wörter im Satz.

4 **Sie lesen in einem Forum, was Jugendliche zur Mediennutzung meinen. Auf welche der drei Personen treffen die einzelnen Aussagen zu? Die Personen können mehrmals gewählt werden.**

Tipp

Mehrere Aussagen können zu einem Forumstext passen.

Beispiel

0 Wer hat Hunderte von Freunden auf Facebook? **Lösung:** a

1 Wer hat kein Facebook-Profil mehr?

2 Wer empfindet Facebook als Zeitverschwendung?

3 Wer glaubt, dass soziale Netzwerke Bürgerinitiativen ermöglichen?

4 Wer sieht keinen Grund dafür, ohne Internet zu leben?

5 Wen hat die Mediennutzung negativ beeinflusst?

6 Wer glaubt nicht, dass soziale Medien ihre Nutzer einsam machen?

Tipp

Behalten Sie beim Lesen der Texte a–c die unterstrichenen Schlüsselwörter in den Aussagen 1–6 im Blick.

Jugendliche und Mediennutzung

a Moritz

Bis auf ein paar Leute ist eigentlich jeder bei Facebook. Wie viele meiner Klassenkameraden nutze auch ich das soziale Netzwerk. Das vereint uns, weil alle online sind. Auf Facebook habe ich etwa 300 Freunde. Fast jeder meiner Mitschüler besitzt zudem ein Smartphone. Ich selbst habe seit der vierten Klasse ein Handy, dazu einen internetfähigen iPod, Facebook-App und WhatsApp inklusive. Das gehört mittlerweile zur Basisausstattung deutscher Teenager. Mobiltelefone sind allein schon notwendig, um sich unterwegs verabreden zu können – schlicht, weil Telefonzellen immer seltener zu finden sind. Meine Eltern sprechen über die Versklavung der Menschen durch Smartphones, aber ich finde das eigentlich übertrieben. Durchschnittlich drei Stunden täglich bin ich online, das ist ja nicht so tragisch. Auf jeden Fall könnte ich mir ein Leben ohne Internet gar nicht vorstellen. Wozu denn auch?

b Philipp

Ich habe mich von Facebook abgemeldet, weil es einfach zu viel Zeit gefressen hat. Es ist schockierend, wie viel von seiner Lebenszeit man auf Facebook verbringt! Man loggt sich täglich auf der Seite ein oder bleibt dauerhaft eingeloggt, liest Postings und schreibt private Nachrichten. Zudem ist das Ablenkungspotenzial durch die Medien enorm. Einerseits macht es natürlich Spaß, und man erhält über Facebook ständig Neuigkeiten von Seiten, die man gelikt hat. Andererseits vergisst man das Gelesene im flüchtigen Nachrichtenstream schnell wieder. Ich habe mich darin sehr oft verfangen. Außerdem habe ich festgestellt, dass meine Konzentration in der Schule darunter litt und dass ich die Pausen nicht mehr zur Erholung nutzte, sondern um online zu spielen. Das hatte selbstverständlich Einfluss sowohl auf meine Noten als auch auf mein soziales Leben. Um es einfach auszudrücken, ich war ein schlechter Schüler und ein miserabler Freund geworden.

c Natalie

Vereinsamung und soziale Isolation durch neue Technik? Wohl kaum. Ich bin fest davon überzeugt, dass soziale Netzwerke für Jugendliche viel mehr positive Effekte als negative haben. Viele Teenager sind durch den Umgang mit anderen in den Netzwerken selbstbewusster und extrovertierter geworden. Zum Beispiel hat sich das Verhältnis zu meiner Familie und meinen Freunden dank Facebook verbessert. Und trotz SMS und Voicemail bevorzugt das Gros der Jugendlichen weiterhin klar die Kommunikation von Angesicht zu Angesicht. Die Kommunikationsmöglichkeiten über die sogenannten „Social Media" eröffnen außerdem für die Menschen neue Wege der Selbstorganisation, der Bürgerbeteiligung und Einflussnahme. Die Nutzer von sozialen Netzwerken haben die Möglichkeit, schnell und unkompliziert zu interagieren. Einzelne können sich miteinander vernetzen und aktiv werden. Was mir allerdings nicht gefällt, ist die ständige Erreichbarkeit, denn jeder hat mal den Wunsch sang- und klanglos zu verschwinden.

1 **Ergänzen Sie die Ausdrücke in der Tabelle.**

sich wenig bewegen • Treppen steigen • Fertiggerichte essen • draußen toben • Sport machen • am Computer hocken • Verstecken spielen • zu verarbeiteter Nahrung greifen • Mineralwasser trinken • Süßigkeiten naschen

das führt zu Übergewicht	das hilft gegen Übergewicht

2 **Sie lesen in einer Zeitschrift von Übergewicht bei Kindern. Welche Sätze passen in die Lücken? Ein Satz passt nicht.**

Tipp

- Lesen Sie den Text bis zu Lücke 1. Lesen Sie auch noch den Satz nach der Lücke.
- Lesen Sie die Sätze a–f und überlegen Sie, welcher Satz in die Lücke 1 passt.
- Machen Sie mit den anderen Lücken genauso weiter.

Was macht Kinder dick?

Dicke Kinder haben es nicht leicht. In der Schule werden sie nämlich gehänselt, im Sport gelten sie als Versager. Kinder kommen in der Regel nicht übergewichtig auf die Welt. Doch haben Untersuchungen gezeigt, dass das Essverhalten bereits durch die Nahrung mit der Muttermilch geprägt wird. **(...0...)** Wenn diese Sport machen, sich viel draußen bewegen und zum Mittag Mineralwasser statt Cola trinken – warum sollte das Kind dies alles anders machen? Wenn die Eltern aber häufig zu Fertiggerichten und verarbeiteter Nahrung greifen wie Hamburger und Fischstäbchen, weiß das Kind bald nicht mehr, wie Lebensmittel in rohem Zustand aussehen, wie sie riechen und wie sie schmecken.

Optimalerweise essen Kinder drei Hauptmahlzeiten und zwei Zwischenmahlzeiten pro Tag. **(...1...)** Sonst lernen sie nämlich nicht, Hunger- und Sättigungsgefühle zu unterscheiden. Als Snacks eignen sich frisches Gemüse, Obst und Magermilchprodukte. Aber auf Süßigkeiten komplett zu verzichten, ist aus psychologischen Gründen sinnlos. Eltern sollten versuchen, das Essen von Süßem zu einem Ritual zu machen, indem sich das Kind zum Beispiel nach dem Essen selbst eine Süßigkeit aussuchen kann.

Keine Frage, dass zu wenig Bewegung dazu beitragen kann, dass ein Kind übergewichtig wird. Viele Kinder toben nicht, spielen nicht Fußball oder Verstecken. **(... 2 ...)** So geraten sie schnell in einen Teufelskreis. Weil sie sich wenig bewegen, nehmen sie zu. Und weil sie zugenommen haben, bewegen sie sich noch weniger. Je dicker ein Kind ist, desto eingeschränkter ist auch sein Leben. Zum Beispiel ist das Treppensteigen anstrengend, Fußballspielen, Ballett oder Reiten werden irgendwann unmöglich. **(...3...)** Für die Hänseleien der Schul- und Spielkameraden sind sie somit ein gefundenes Fressen.

Dass die Veranlagung des Kindes eine Rolle spielt, auch wenn es nicht dick geboren wird, hat eine britische Studie an über 5.000 Zwillingen gezeigt. **(...4...)** Der Einfluss der Umwelt ist für das restliche Viertel verantwortlich. Dieser geringere Prozentsatz reicht aber für ganz unterschiedliche Entwicklungen aus. Bei gleicher genetischer Veranlagung war ein Zwilling dick, der andere dünn.

Da Übergewicht nicht nur krank machen, sondern auch seelische Störungen hervorrufen kann, sollen übergewichtige Kinder ab sechs Jahren unbedingt ihr Gewicht reduzieren. **(...5...)** Jedoch ist eine wichtige Voraussetzung, dass die Eltern und das Kind wirklich etwas ändern wollen.

Beispiel

0 Und überhaupt haben Eltern eine starke Vorbildwirkung.

a Und auch im Schwimmbad schämen sich die Kinder.

b Danach scheinen die Gene 75 % auszumachen.

c Allerdings sollten sie das Naschen von Süßigkeiten zwischendurch vermeiden.

d Dabei sollten Verhaltens-, Bewegungs- und Ernährungstherapien kombiniert werden.

e Stattdessen hocken die Heranwachsenden lieber zu Hause vor dem Fernseher oder am Computer.

f Trotzdem ist zu wenig Bewegung ein Grund dafür.

3 a Lesen Sie folgende Textstellen noch einmal und übersetzen Sie das grüne Wort in Ihre Muttersprache.

Optimalerweise essen Kinder drei Hauptmahlzeiten und zwei Zwischenmahlzeiten pro Tag. **Allerdings** sollten sie das Naschen von Süßigkeiten zwischendurch vermeiden. Sonst lernen sie nämlich nicht, Hunger- und Sättigungsgefühle zu unterscheiden.

allerdings = ____________________

... übergewichtige Kinder ab sechs Jahren unbedingt ihr Gewicht reduzieren. Dabei sollten Verhaltens-, Bewegungs- und Ernährungstherapien kombiniert werden. **Jedoch** ist eine wichtige Voraussetzung, dass die Eltern und das Kind wirklich etwas ändern wollen.

jedoch = ____________________

b Ergänzen Sie Synonyme aus a.

aber = ____________________, ____________________

Tipp

Aber, allerdings, jedoch zeigen einen Gegensatz, eine Einschränkung.
Bei der Textarbeit helfen folgende Schritte:
- Lesen Sie den Textabschnitt mit der Lücke und überlegen Sie, ob der Satz mit dem Konnektor *aber, allerdings, jedoch* einen Gegensatz, eine Einschränkung ausdrückt.
- Kontrollieren Sie, ob der Satz aus der Aufgabe inhaltlich und syntaktisch in die Lücke passt.

4 Lesen Sie folgende Textstelle noch einmal und übersetzen Sie das grüne Wort in Ihre Muttersprache.

Viele Kinder toben nicht, spielen nicht Fußball oder Verstecken. **Stattdessen** hocken die Heranwachsenden lieber zu Hause vor dem Fernseher oder am Computer.

stattdessen = ____________________

Tipp

Stattdessen zeigt, dass genau das Gegenteil von dem passiert, was man erwartet.
Bei der Textarbeit helfen folgende Schritte:
- Lesen Sie den Textabschnitt mit der Lücke und überlegen Sie, ob der Satz mit dem Konnektor *stattdessen* ausdrückt, dass das Gegenteil von dem passiert, was man erwartet.
- Kontrollieren Sie, ob der Satz aus der Aufgabe inhaltlich und syntaktisch in die Lücke passt.

5 Welcher Konnektor passt? Unterstreichen Sie.

1 Kinder nehmen im ersten Lebensjahr viel zu. Das ist **aber/denn** noch kein Grund zur Aufregung.

2 Viele Eltern reagieren auf das Schreien ihres Säuglings mit der Flasche. **Stattdessen/Trotzdem** sollten sie es mal mit Streicheln und Schaukeln beruhigen.

3 Übergewichtige Kinder sind häufiger seelisch belastet als ihre normalgewichtigen Kameraden. Es ist **sondern/allerdings** schwierig, den wahren Grund dafür zu erfahren.

4 Experten gehen davon aus, dass eine Million Kinder in Deutschland fettleibig sind. Nur ein Bruchteil von ihnen ist **stattdessen/jedoch** in ärztlicher Behandlung.

6 Was passt? Kreuzen Sie an.

1 Normalerweise werden Babys nicht übergewichtig geboren.

a Allerdings nehmen viele Kinder dann im Kindergarten oder in der Schule zu.

b Folglich essen sie als Kleinkind zu viele Süßigkeiten.

2 Kinder sollten viel Obst oder Müsli essen.

a Deshalb wählen sie oft Pommes oder Kuchen.

b Stattdessen greifen sie lieber zu fettigen oder süßen Sachen.

3 An Schulkiosken sollte es gesunde Pausensnacks geben.

a Aber es werden auch Obst und Joghurt verkauft.

b Es werden jedoch häufig Burger, Pommes und alkoholfreie Getränke mit Zucker angeboten.

4 Viele Eltern meinen, dass dicke Babys später im Kindesalter Normalgewicht erreichen.

a Das stimmt aber nicht immer.

b Das ist außerdem richtig.

1 Ergänzen Sie in 1-7 die passende Präposition.

auf • über • in • unter • für • auf • über

1 Paul hat sehr viel zu tun und viel zu wenig Zeit, er leidet _______ Stress.

2 Er hat ein neues Umwelt-Projekt. Das ist sein Projekt, er ist _______ das Projekt verantwortlich.

3 Diese Umwelt-Projekte wirken sich positiv _______ sein Selbstwertgefühl aus, denn alle finden diese Projekte toll und deshalb fühlt er sich sehr gut.

4 In der Schule waren Noten wichtig, aber das ist bei den Umweltprojekten anders. Hier kommt es nicht _____ gute Leistungen an.

5 Hier muss man _______ andere Fähigkeiten verfügen: Man muss kreativ sein, man muss sich für die Umwelt interessieren, man muss gut organisieren können.

6 Aber mit seinem neuen Umweltprojekt hat er ein Problem. Das Problem besteht dar_____, dass er dafür Englisch sprechen und schreiben muss. Und sein Englisch ist furchtbar.

7 Er muss _______ das Problem nachdenken, denn er muss eine Lösung finden. Vielleicht kann ihm Simona helfen?

2 Welche Situation verursacht Ihrer Meinung nach Stress ☹, welche nicht ☺? Ergänzen Sie die Smileys.

1 Paul hat viel geübt und hat den Mathetest gut gemeistert. (• •)

2 Marlene hat nicht gelernt und hat beim Mathetest leider versagt. (• •)

3 Fabians Eltern möchten unbedingt, dass er später Medizin studiert und üben Druck auf ihn aus. Er findet aber Medizin überhaupt nicht interessant. (• •)

4 Oliver hat jeden Nachmittag nach der Schule noch eine Aktivität auf dem Programm. Es ist wirklich viel, was seine Eltern ihm zumuten. (• •)

5 Susanne war der Aufbau der B2-Prüfung geläufig. Sie hat die Prüfung bestanden. (• •)

6 Wenn Kinder aus der Schule mit Kopfschmerzen nach Hause kommen, sollten Eltern das ernst nehmen. (• •)

7 Carsten meint, dass er von seinem Lehrer ungerecht behandelt wird. Er traut sich aber nicht, es ihm zu sagen. (• •)

8 Eltern müssen Verständnis zeigen, wenn sich ihr Kind eine andere Freizeitaktivität wünscht als die, die sie ihm vorgeschlagen haben. (• •)

1 ÜBUNGSTEST Teil 3

3 **Sie lesen in einer Zeitung einen Artikel über eine Studie zum Stress bei Kindern und Jugendlichen. Wählen Sie bei jeder Aufgabe die richtige Lösung.**

Tipp

- Lesen Sie Aufgabe 1.
- Lesen Sie den Text bis zur Stelle, die zu Aufgabe 1 passt. Schreiben Sie die Aufgabennummer 1 neben die Textstelle.
- Lesen Sie die Textstelle noch einmal genau und vergleichen Sie sie mit Aufgabe 1. Kreuzen Sie die richtige Lösung a, b oder c an.
- Machen Sie mit den Aufgaben 2–4 genauso weiter.

Noch so jung und schon im Stress

Dass Stress im Leben der meisten Erwachsenen ein allbekanntes Phänomen ist, ist inzwischen jedem geläufig. Nun deckt die Kinder-Stress-Studie von Holger Ziegler, Professor der Fakultät für Erziehungswissenschaften an der Universität Bielefeld, auf, dass in Deutschland auch 18 Prozent der Kinder und 19 Prozent der Jugendlichen unter Stress leiden.

Verantwortlich dafür sind die Gesellschaft, in der es immer mehr auf Erfolge ankommt, und mit ihr die Eltern, die den gesellschaftlichen Druck weitergeben. Mehr als 60 Prozent der Eltern wollen, dass ihre Kinder zu den besseren Schülern gehören und den Schulwechsel in die Oberstufe möglichst gut meistern. Zu denen gehören aber nun einmal nur 30 Prozent. Das bedeutet ein großes Ungleichgewicht und eine schwere Bürde für den Nachwuchs. Bei vielen Eltern steht das Motiv dahinter, dass ihre Kinder es einmal besser haben sollen als sie selber. Deshalb können sie sich nicht vorstellen, dass ihr Kind später „nur“ einen Handwerksberuf erlernen würde.

Die Folge ist, dass schon Grundschüler unter Stresssymptomen wie Schlafstörungen, Kopf- und Bauchschmerzen, Aggressionen und Wut leiden. Auch Verspannungen, Appetitlosigkeit und Unruhe gehören dazu. Diese Symptome müssen als akute Warnsignale verstanden werden. Dabei ist nicht die Frage, wie viele Termine - auch am Nachmittag - die Eltern ihrem Kind zumuten. Solange, wie das Kind diese Termine - zum Beispiel im Sportverein oder in der Musikschule - gern wahrnimmt und die Eltern keinen Druck ausüben, gibt es kein Problem. Bei all dem ist es aber ein wichtiger Grundstein, die Kinder mitentscheiden zu lassen und ihre Wünsche und Bedürfnisse ernst zu nehmen.

Hat das Kind prinzipiell keine Lust und sagt beispielsweise schon am Montag, dass es am Donnerstag nicht zum Fußballtraining möchte, sollte man darüber nachdenken, ob es nicht besser ist, mit der Aktivität aufzuhören. Und auch, wenn die Eltern schon Ausgaben gemacht haben, etwa für die Anschaffung einer bestimmten Ausrüstung, ist von besonderer Bedeutung, dass diese sich die Enttäuschung nicht anmerken lassen. Denn genau darin besteht einer der entscheidenden Stressfaktoren, weil Kinder immer Angst haben, ihre Eltern zu enttäuschen, in ihren Augen versagt zu haben.

Kinder brauchen Freiraum, um sich zu entspannen und sich zu entfalten. Stress, der bei ihnen nicht rechtzeitig abgepuffert wird, wirkt sich negativ auf das Selbstwertgefühl aus, erweckt das Gefühl, ungerecht behandelt zu werden, führt zu Konflikten mit Mitschülern. Das kann Konsequenzen bis ins Erwachsenenleben hinein haben. Und wie sinnvoll ist es, ein schlauer Mensch zu sein, aber nicht über soziale Kompetenzen zu verfügen?

Beispiel

0 Was hat die Studie von Professor Ziegler gezeigt?

- a) Dass fast 40 % der Bevölkerung unter Stress leidet.
- b) Dass jeder Mensch Stress hat.
- ☒ c) Dass Stress nicht vom Alter abhängig ist.

1 Schüler leiden darunter, dass ...

- a) ihre Eltern Druck ausüben.
- b) sie die Oberstufe besuchen müssen.
- c) sie einen Beruf erlernen müssen.

2 Stresssymptome ...

- a) hängen von der Zahl der Nachmittagstermine ab.
- b) müssen ernst genommen werden.
- c) entstehen, wenn Kinder Entscheidungen treffen müssen.

3 Wenn Kinder eine Aktivität aufgeben, müssen Eltern ...

- a) die Kosten bedenken.
- b) Verständnis zeigen.
- c) ihre Enttäuschung zeigen.

4 Was ist für junge Leute am wichtigsten?

- a) Nicht ungerecht behandelt zu werden.
- b) Intelligent zu sein.
- c) Keinen Stress zu haben.

1 ÜBUNGSTEST Teil 4

1 **Woran denken Sie, wenn Sie dieses Foto sehen?**

2 **Was passt zu „Fitness-Sucht"? Wählen Sie aus und ergänzen Sie.**

Krafttraining • unerwünschte Folgen • Muskeln • zu Fuß gehen • Kraft • Ausdauer • Gartenarbeit • durchtrainierter Körper • Langeweile • muskulöser Oberkörper • Aktivität nach der Schule • bis zum Umfallen trainieren

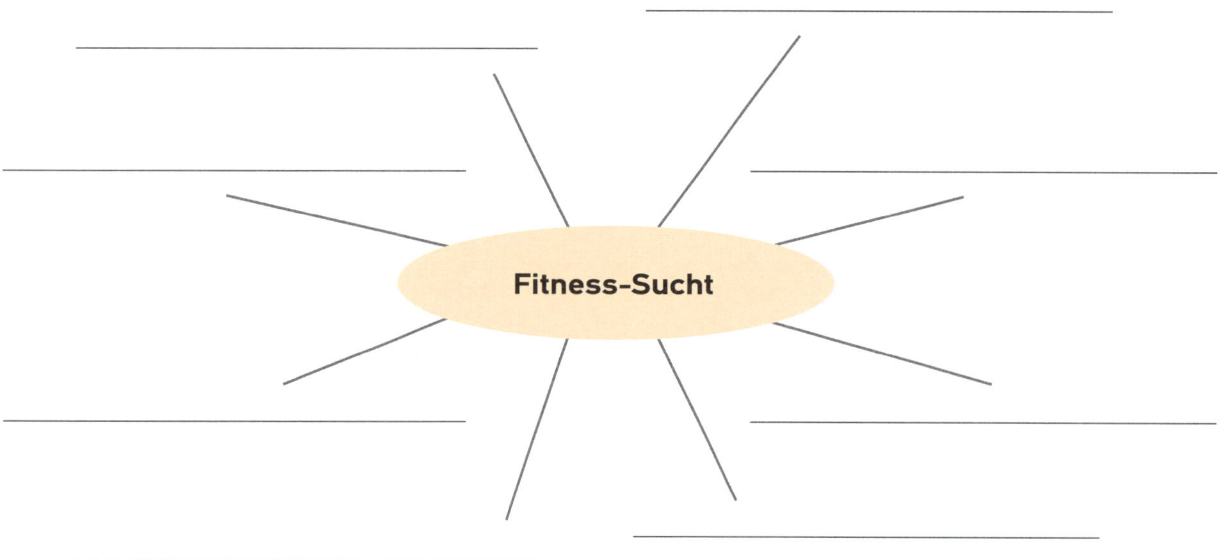

3 **Was kann man in einem Fitness-Studio machen? Ergänzen Sie das passende Verb.**

treiben

stählen

sich ... halten

zulegen

durchtrainieren

durchführen

Man kann ________________ fit ________________, den Körper ________________ und ________________, eine Übung ________________, an Muskelmasse ________________, Sport ________________ .

4 **Sie lesen in einer Zeitschrift Meinungsäußerungen zum Fitness-Training. Welche Äußerung passt zu welcher Überschrift? Die Äußerung a ist das Beispiel und kann nicht noch einmal verwendet werden.**

Tipp

Lesen Sie die Überschriften 1–4.
- Lesen Sie Text b und vergleichen Sie ihn mit den Überschriften. Ordnen Sie ihn der Überschrift zu, die passt.
- Machen Sie mit den Texten c–e genauso weiter.

Beispiel

0 Die Rolle der Geschlechterstereotypen **Lösung:** a

1 Alltägliche Tätigkeiten können das Fitness-Training ersetzen

2 Beratung beim Fitnessprogramm ist notwendig

3 Der Einfluss von Medien

4 Der Gesundheit zuliebe trainieren

Fitness-Training

a

Wenn man jeden Tag bis zum Umfallen trainiert und auf die Ernährung fixiert ist, wird es bedenklich. Je unsicherer die Identitätsbildung ist, desto mehr greift man auf eindeutige Identitätsangebote zurück. Und Männlichkeit wird nun mal mit Muskeln identifiziert, was einseitig und sexistisch ist.

Marvin, Reutlingen

b

Wer Sport treibt, ist seltener krank, lautet meine Überzeugung. Eine geringe Steigerung der sportlichen Aktivität stärkt die Gesundheitsressourcen. Ausdauer, Kraft und Koordination nehmen zu. Ein vernünftiges Maß sollte man aber nicht überschreiten, sonst kann sportliche Tätigkeit unerwünschte Folgen haben.

Saskia, Hamm

c

Kurze Strecken zu Fuß gehen, die Gartenarbeit nicht auf die Kinder abschieben, auch mal ohne Aufzug in den zweiten Stock hochgehen. So bekommt man eigentlich schon genug Bewegung ab, um sich fit zu halten. Sport ist Mord, das ist nichts Neues.

Jannik, Stuttgart

d

Muskelshirts sind im Fitness-Studio Pflicht, sodass jeder die Oberarme des anderen betrachten kann. Die meisten Jugendlichen möchten ihren Körper stählen. Grund dafür ist auch die Flut an Bildern von durchtrainierten Körpern im Fernsehen und im Internet, zum Beispiel von Fußballspielern, die mit muskulösem, nacktem Oberkörper jubeln.

Anina, Neuss

e

Den Jugendlichen sollte man davon abraten, zu viel zu trainieren. Denn dass der Körper vor allem in der Regenerationsphase an Muskelmasse zulegt, ist den wenigsten bewusst. Ob die jungen Sportler dann aber auf Ratschläge hören, ist eine andere Frage. Deswegen ist es besonders wichtig, sie in Fitness-Studios gut zu betreuen.

Petra, Erfurt

1 Wer macht das? Lehrer oder Schüler? Oder beide? Kreuzen Sie an.

		Lehrer	Schüler
1	in der Pause mit Gegenständen werfen	◯	◯
2	bei Konflikten Vermittlungsmöglichkeiten anbieten	◯	◯
3	pädagogische Maßnahmen anwenden	◯	◯
4	Müll vermeiden	◯	◯
5	jemanden für drei Tage beurlauben	◯	◯
6	einen Antrag auf Beurlaubung stellen	◯	◯
7	einen Streit schlichten	◯	◯
8	jemandem etwas androhen	◯	◯
9	gegen die Bestimmungen der Schulordnung verstoßen	◯	◯

1 ÜBUNGSTEST Teil 5

2 Sie sind an einer deutschen Schule und lesen die Schulordnung. Welche der Überschriften aus dem Inhaltsverzeichnis passen zu den Paragrafen? Vier Überschriften werden nicht gebraucht.

Tipp

- Lesen Sie § 1 und die Überschriften a–h. Ordnen Sie die passende Überschrift zu. Achtung! Die Beispielüberschrift e können Sie nicht mehr verwenden.
- Machen Sie mit § 2 und § 3 genauso weiter.

Beispiel

0 Lösung: e

Schulordnung des Helene-Lange-Gymnasiums

Inhaltsverzeichnis

a Unterrichtsfremde Gegenstände
b Sauberkeit und Ordnungsdienst
c Umgang mit dem Schuleigentum
d Beurlaubungen
~~e~~ Gefährdendes Verhalten
f Verlassen des Schulgeländes
g Außerunterrichtliche Veranstaltungen
h Konflikte und Verstöße gegen die Schulordnung

§ 0 e

Spiele und andere Handlungen, mit denen man sich selbst oder andere gefährdet, sind verboten. Dazu gehören Ballspielen und Rennen im Gebäude, Benutzung von Wasserpistolen u. Ä., Rutschen auf dem Treppengeländer, Klettereien usw. Das Werfen mit Gegenständen ist wegen Gefährdung von Personen und Verschmutzung des Geländes verboten.

§ 1 ◯

Bei Fehlverhalten bzw. Konflikten werden zunächst Hilfs- und Vermittlungsmöglichkeiten angeboten (Gespräche mit Klassen-, oder Vertrauenslehrerin bzw. -lehrer, Mentoren, Streitschlichtern). Wer gegen die Bestimmungen der Schulordnung verstößt, wird für die Folgen seiner Handlungen zur Rechenschaft gezogen.
Ebenfalls können pädagogische Maßnahmen oder Ordnungsmaßnahmen angewendet werden, z. B. Ausschluss von Klassenveranstaltungen, Umsetzung in eine andere Klasse, Verweisung von der Schule.

§ 2 ◯

Alle Mitglieder der Schulgemeinde haben ein Recht auf einen Aufenthalt in sauberen Gebäuden, Räumen und Anlagen, sind aber auch mitverantwortlich für den Zustand des Schulgebäudes und des Schulgeländes. Deshalb verpflichten sich alle Mitglieder der Schule, unnötigen Müll zu vermeiden. Das Spucken ist auf dem gesamten Schulgelände verboten. Jede Klasse regelt in eigener Regie die Grobreinigung ihres Klassenzimmers und sorgt für Sauberkeit der Räume.

§ 3 ◯

Der/Die KlassenlehrerIn kann einen/eine SchülerIn auf schriftlichen Antrag der Erziehungsberechtigten, bei volljährigen SchülerInnen auf Antrag der Schülerin/des Schülers selbst, für die Dauer von höchstens zwei Tagen beurlauben. Entsprechende Anträge sind mindestens 3 Wochen vor Beginn der Beurlaubung schriftlich bei dem/der SchulleiterIn zu stellen und zu begründen.

1 Was kann man lesen? Markieren Sie in Aufgabe 5 in den Texten a–c alle passenden Nomen und ergänzen Sie sie. Manche Nomen passen in mehr als eine Kategorie.

1 Medium, das täglich erscheint: ______

2 Medium, das wöchentlich bzw. monatlich erscheint: ______

3 Medium, das der Unterhaltung dient: ______

4 Medium, das Fachkenntnisse / besondere Kenntnisse vermittelt: ______

______

2 a Auf welche Frage geben die Ausdrücke Antwort? Kreuzen Sie an.

sich etwas durchlesen • einen Text überfliegen • in Büchern schmökern • sich in ein Buch vertiefen • in einer Zeitschrift blättern

◯ Wie lesen Sie?　　◯ Warum lesen Sie?

b Ordnen Sie die Ausdrücke aus a zu.

Lesen, um genaue Informationen zu bekommen: ______

______

Lesen, um einen ersten Eindruck zu bekommen: ______

______

3 Warum lesen Sie? Ergänzen Sie in jedem Satz einen Ausdruck, der für Sie passt.

mitreden wollen • mich entspannen wollen • mich inspirieren lassen wollen • auf dem Laufenden sein wollen • neue Ideen bekommen wollen

1 Ich lese online die Tagesnachrichten, weil ich ______.

2 Ich lese Comics, weil ______.

3 Ich lese einen Ratgeber, weil ______.

4 Ich lese täglich Zeitung, weil ______.

5 Ich lese Lebensgeschichten berühmter Persönlichkeiten, weil ______.

4 a Lesen Sie die Arbeitsanweisung von Aufgabe 5. Zu welchem Thema nehmen die Leute Stellung im Forum? Unterstreichen Sie.

b Lesen Sie in Aufgabe 5 die Aussagen 1–6 und unterstreichen Sie die Schlüsselwörter.

5 **Sie lesen in einem Forum, ob Leute gerne lesen. Auf welche der drei Personen treffen die einzelnen Aussagen zu? Die Personen können mehrmals gewählt werden.**

Tipp

Mehrere Aussagen können zu einem Forumstext passen.

Beispiel

0 Wer kocht gerne? **Lösung:** a

1 Wer interessiert sich für Geschichte?

2 Wer ist freiberuflich tätig?

3 Wer entscheidet sehr schnell, ob ihm ein Buch gefällt?

4 Wer liest nichts Digitales, sondern nur Gedrucktes?

5 Wer interessiert sich für Meldungen aus dem Sport?

6 Wer nutzt lange Fahrzeiten zum Lesen?

Tipp

Behalten Sie beim Lesen der Texte a–c die unterstrichenen Schlüsselwörter in den Aussagen 1–6 im Blick.

Jeder liest ander(e)s

a Cornelia

Wenn ich mit dem Zug nach Ludwigsburg zur Arbeit fahre – das ist eine Fahrt von fast einer Stunde – lese ich jeden Tag ziemlich viel, und zwar vor allem Zeitschriften, also hauptsächlich Gedrucktes, nichts Digitales. Dabei interessieren mich eigentlich alle aktuellen Themen aus Gesellschaft, Wissenschaft und Technik. Aber auch Rubriken wie „Mode & Beauty" und natürlich der Rezeptteil in Frauenzeitschriften sind mir wichtig. Da bekomme ich immer neue Ideen, Tipps und Tricks für Gerichte, mit denen ich meine Lieben am Abend überraschen kann. Ab und zu blättere ich auch mal in einem Reiseführer, der mich vom nächsten Sommerurlaub träumen lässt und mir auf diese Weise den Arbeitstag versüßt.

b Carsten

Ich lese sowohl für mein Theologiestudium als auch privat. Dabei lese ich natürlich tagsüber vor allem Fachliteratur. Ich lese zwar eher noch Bücher in gedruckter Form, doch auch Digitales finde ich angenehm zu lesen. Privat ziehe ich natürlich zur Entspannung meine Romane der Fachliteratur vor. Da gibt es eigentlich keine bestimmten Themen, die ich bevorzuge. Ob mir ein Buch zusagt, erkenne ich meistens schon beim Überfliegen der Klappentexte. Allerdings bin ich ein großer Fan von historischen Romanen und schmökere gern in Lebensgeschichten berühmter Persönlichkeiten. Ich bin der Meinung, man kann viel aus der Geschichte lernen, und lasse mich gern von großen Geistern inspirieren.

c Stefano

Mich interessieren vor allem Sportzeitschriften und die Tageszeitung, um immer auf dem Laufenden zu sein und mitreden zu können. Da mein Alltag sich immer anders gestaltet, lese ich auch immer zu verschiedenen Tageszeiten. Wann das ist, das hängt auch jeweils von meiner Laune ab und davon, wie viel Freiraum mir mein Job lässt. Da ich selbstständig bin, kann ich mir zwar meinen Arbeitstag einrichten, wie es mir gefällt, aber bestimmte Termine müssen natürlich eingehalten werden. Gedruckte Texte bevorzuge ich, doch lese ich mir ab und zu auch online interessante Artikel durch. Bücher lese ich nur im Urlaub. Und dabei gefällt mir beides: sowohl moderne E-Books als auch die klassischen gedruckten Bücher haben ihren Reiz. Meine Favoriten sind Krimis.

1 **Zum Mobbing gehören Täter und Opfer. Besprechen Sie im Kurs, was Täter tun, und ergänzen Sie den Wortigel.**

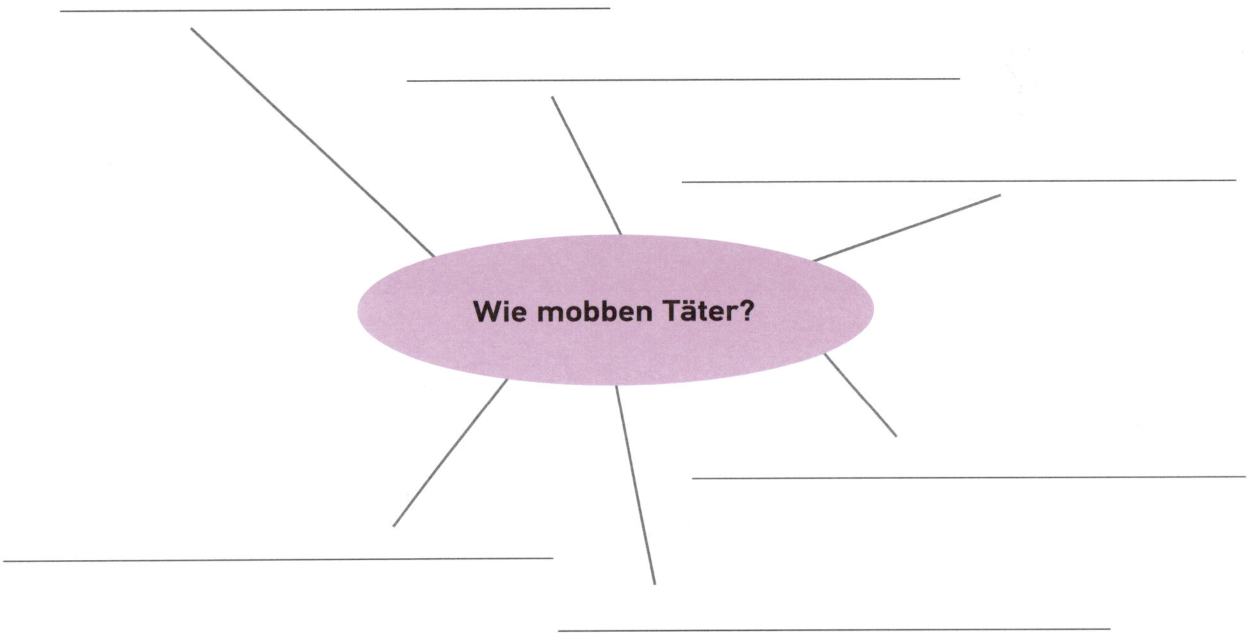

2 **Ordnen Sie den Erklärungen die Verben zu.**

beleidigen • bedrohen • ausgrenzen • beschimpfen • schädigen • hänseln

1 jemanden nicht in der Gruppe haben wollen = _ _ _ _ _ e _ _ _ _

2 jemandem sagen, dass man ihm wehtun wird = _ _ _ r _ _ _ _

3 jemanden körperlich oder seelisch verletzen = _ _ _ _ _ i _ _ _

4 jemanden mit Worten verletzen, z.B. weil er angeblich dumm ist oder alles falsch macht = _ _ _ _ _ i _ _ _ _ _

5 zu jemandem immer wieder etwas Unfreundliches sagen, z.B.: „Du hast eine Kartoffelnase." = _ _ _ _ e _ _

6 die Persönlichkeit, die Ehre von jemandem verletzen = _ _ _ _ i _ _ _ _ _

3 **Sie lesen in einer Zeitschrift über Mobbing im Internet. Welche Sätze passen in die Lücken? Ein Satz passt nicht.**

Tipp

- Lesen Sie den Text bis zu Lücke 1. Lesen Sie auch noch den Satz nach der Lücke.
- Lesen Sie die Sätze a–f und überlegen Sie, welcher Satz in die Lücke 1 passt.
- Machen Sie mit den anderen Lücken genauso weiter.

Cybermobbing

Schon die Kleinsten in Kindergarten und Grundschule müssen erfahren, was Mobbing bedeutet, nämlich dass eine Person von einem Einzelnen oder auch von einer Gruppe bewusst körperlich oder psychisch geschädigt und ausgegrenzt wird. **(...0...)** Allerdings geht es im Netz besonders gnadenlos zu und das Schikanieren im virtuellen Raum ist stärker verbreitet als etwa in Sportvereinen. In sozialen Netzwerken, Chats und Diskussionsforen werden Personen gehänselt, lächerlich gemacht, beschimpft, manchmal sogar bedroht.

(...1...) Vielleicht bestehen Konflikte in der Klassengemeinschaft, die sich ins Internet verlagern. Als Folge kann sich ein Streit entwickeln, der immer weitere Kreise zieht. Klassenstreber laufen Gefahr, in sozialen Netzwerken verspottet zu werden. Nicht selten werden einst beste Freundinnen zu Rivalinnen.

Besonders Jugendliche halten es für normal, wenn im Netz andere Personen bloßgestellt oder beleidigt werden. Es werden persönliche Details oder intime Bilder von anderen Personen veröffentlicht, ohne dass die Kinder und Jugendlichen böswillige Hintergedanken haben und ohne dass sie um die Auswirkung ihres Handelns wissen. **(...2...)** Vielleicht waren sie selbst schon einmal das Ziel von Mobbing und wollen sich deshalb auf diese Weise rächen. Manche haben einfach Spaß daran, andere fertigzumachen. Andere wiederum haben Langeweile und schlagen so ihre Zeit tot. Oder sie sind einfach wütend auf eine Person und wollen sich aus diesem Grund abreagieren.

Die Folgen für die Betroffenen können verheerend sein. Sie fühlen sich verzweifelt, hilflos und ziehen sich zurück. Es können Schlafstörungen entstehen oder Bauch- und Kopfschmerzen auftreten. **(...3...)** Langfristig können sich Depressionen und Suizidgedanken einstellen.

Damit es erst gar nicht so weit kommt, sollten die Jugendlichen gewisse Regeln einhalten. Indem sie ihre Privatsphäre schützen, ihre Zugangsdaten geheim halten und ein sicheres Passwort verwenden, ist schon ein erster wichtiger Schritt getan. **(...4...)** Probleme und Sorgen wie Liebeskummer oder Ärger mit den Eltern haben in sozialen Netzwerken keinen Platz, sondern sind ein Fall für persönliche Gespräche unter vier Augen mit Vertrauenspersonen.

(...5...) Voraussetzung dafür ist, dass man entsprechende Beweise für die Polizei und die entsprechenden Ermittlungsbehörden sichert. Zwar ist in Deutschland (Cyber)mobbing nicht direkt strafbar, unterliegt aber den Gesetzen des Strafgesetzbuches z. B. wegen Beleidigung, übler Nachrede oder Bedrohung. Wer erwischt wird, muss mit einer Geld- oder Freiheitsstrafe rechnen.

Beispiel

0 Das kommt nicht nur in allen sozialen Bereichen vor, sondern auch im Internet.

- **a** Auch Aggressionen und Selbstverletzungen sind häufige Folgeerscheinungen.
- **b** Letztendlich kann man Täter auch anzeigen.
- **c** Oft kennen sich Täter und Opfer persönlich, zum Beispiel aus der Schule.
- **d** Das Unrechtsbewusstsein ist erstaunlich wenig entwickelt.
- **e** Außerdem sollte man auf Facebook nur mit Menschen befreundet sein, die man auch persönlich kennt.
- **f** Die Gründe, die sie dazu veranlassen, können vielfältig sein.

4 Lesen Sie im Text folgende Textstellen noch einmal und markieren Sie die Antworten auf die Fragen.

(...3...) ***Auch*** *Aggressionen und Selbstverletzungen sind häufige Folgeerscheinungen.*
Um welches Thema geht es in diesem Textabschnitt?

(...4...) ***Außerdem*** *sollte man auf Facebook nur mit Menschen befreundet sein, die man auch persönlich kennt.*
Um welches Thema geht es in diesem Textabschnitt?

Tipp

Auch und *außerdem* zeigen, dass der Satz Teil einer Aufzählung mehrerer Informationen zum selben Thema ist. Bei der Textarbeit helfen folgende Schritte:
- Überlegen Sie, um welches Thema es im Satz geht.
- Lesen Sie dann die Textabschnitte mit den Lücken und suchen Sie den Textabschnitt, in dem es um dasselbe Thema geht.
- Kontrollieren Sie, ob der Satz inhaltlich und syntaktisch in die Lücke passt.

1 **Was kann man in einem Secondhand-Laden kaufen? Kreuzen Sie an.**

1 	2 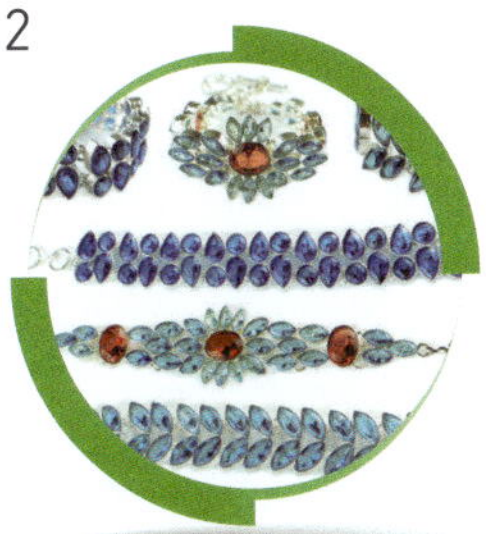	3 	4 
◯ einen Schatz	◯ Schmuck	◯ Klamotten	◯ Zahnpasta
5 	6 	7 	8 
◯ Babynahrung	◯ Porzellan	◯ ein Gemälde	◯ einen Laden

2 **Ersetzen Sie die unterstrichenen Nomen in 1–4 durch das passende Synonym aus a–d.**

1 Auf einem Flohmarkt kann man sowohl gut erhaltene, manchmal sogar wertvolle Dinge finden, als auch eine Menge Krempel (___).

2 In der Vorweihnachtszeit herrscht auf den Weihnachtsmärkten besonders an den Wochenenden großer Trubel (___).

3 Bis zum Jahr 1919 hatten deutsche Adlige (___) in der Gesellschaft viele Privilegien.

4 Ein großer Teil der Ladenhüter (___) wird entweder in ärmere Länder billig verkauft oder einfach auf den Müll geschmissen.

a Aristokraten

b Produkte, die niemand kaufen möchte

c lebhaftes, lautes Durcheinander

d altes wertloses Zeug

3 Ergänzen Sie das passende Wort.

schätzen • ehrenamtlich • stöbern • vergeblich • fündig • entpuppen • erhalten

1 Wer freiwillig arbeitet, ohne bezahlt zu werden, arbeitet ____________________.

2 Wer in einem Geschäft das findet, was er sucht, wird ____________________.

3 Wer etwas sucht, aber nicht findet, der sucht ____________________.

4 Wer herausfinden möchte, welchen Wert seine goldene Uhr hat, der muss sie ____________________ lassen.

5 Was zwar alt, aber nicht kaputt oder beschädigt ist, ist gut ____________________.

6 Wer in dem Korb mit den Sonderangeboten das beste Stück finden möchte, der muss darin ____________________.

7 Was als hässliches Entlein geboren wird, kann sich als schöner Schwan ____________________.

4 Welche Antwort passt? Verbinden Sie.

1 ◆ Seit wann gibt es den Verein?

2 ◆ Woher hast du dieses tolle Porzellan?

3 ◆ Wohin wirst du denn die teuren Kristallgläser stellen?

4 ◆ Wollen wir auf dem Rasen Fußball spielen?

5 ◆ Habt ihr zum Geburtstag eures Kindes all seine Mitschüler eingeladen?

6 ◆ Warum packt die Umzugsfirma die Vasen so sorgfältig ein?

a ■ Ja, es kommen 28 Kinder. Es wird bestimmt turbulent zugehen!

b ■ Er wurde 1948 gegründet.

c ■ Damit sie beim Transport nicht beschädigt werden!

d ■ Das Kaffeeservice stammt von meinen Großeltern.

e ■ Das geht leider nicht, man darf ihn nämlich nicht betreten. Da steht doch das Schild!

f ■ In die Vitrine, damit sie nicht verstauben!

5 **Sie lesen in einer Zeitung einen Artikel über einen Gebrauchtwaren-Laden. Wählen Sie bei jeder Aufgabe die richtige Lösung.**

Tipp

- Lesen Sie Aufgabe 1.
- Lesen Sie den Text bis zur Stelle, die zu Aufgabe 1 passt. Schreiben Sie die Aufgabennummer 1 neben die Textstelle.
- Lesen Sie die Textstelle noch einmal genau und vergleichen Sie sie mit Aufgabe 1. Kreuzen Sie die richtige Lösung a, b oder c an.
- Machen Sie mit den Aufgaben 2–5 genauso weiter.

Ein Laden, wo man sich selbst und anderen Gutes tut

Der Verein Freie Selbsthilfe vermittelt seit 70 Jahren Kunst, Krempel und Klamotten – Ehrenamtliche nehmen an und verkaufen.

Der Trubel der Großstadt bleibt draußen, unpersönliches Kaufhausklima ebenfalls, neumodische Technik sucht man vergeblich. Der älteste Münchner Secondhand-Laden hat nicht nur Gebrauchtes zum kleinen Preis im Angebot, sondern auch wahre Schätze im Regal stehen. Der Raum ist voll von Kleidern, Schuhen, Porzellan, Kristall, Schmuck und Bildern.

Arme und Reiche, Junge und Alte kaufen und verkaufen bei der Freien Selbsthilfe. Fündig wird jeder, und sei es ein gutes Gespräch mit einer der ehrenamtlichen Damen. Hier geht es um mehr als Mode, Kauf und Verkauf. Hier wird auch eine soziale Aufgabe erfüllt, denn es gibt Münchner, für die ein Besuch in der Freien Selbsthilfe einen Ausbruch aus der Einsamkeit bedeutet. Sicher stöbern sie ein wenig durch den Laden, vor allem aber kommen sie zum Reden.

26 Frauen zwischen 65 und 90 Jahren kümmern sich darum, dass der Laden läuft. Täglich sind bis zu sieben Frauen ehrenamtlich in der Annahme, im Verkauf und im Büro im Einsatz. Eine der Frauen ist Kunsthistorikerin und schätzt Gemälde, Porzellan und andere Kunstgegenstände. Sie findet heraus, ob sie etwas wert sind und wenn ja, wie viel.

Im Jahr 1948, drei Jahre nach dem Ende des Zweiten Weltkriegs, gründeten US-Amerikanerinnen und Münchnerinnen die Freie Selbsthilfe e.V., um Familien zu unterstützen, die nach dem Krieg wenig Geld hatten. So halfen sie sowohl denen, die schnell an Geld kommen mussten, als auch denen, die sich die teuren Waren in den Kaufhäusern nicht leisten konnten.

Und heute? Heute kommen verarmte Adlige mit Familienschätzen und Enkelinnen mit Omas Tischdecken, Sammler auf der Suche nach wertvollem Porzellan und Geringverdiener auf der Suche nach einer warmen Jacke. Eines haben die Gegenstände gemeinsam: Sie sind alle gut erhalten.

Was schnell wieder verkauft wird und was sich als Ladenhüter entpuppt, kann keiner genau sagen.

2 ÜBUNGSTEST Teil 3

Bevor die Waren im Schrank verstauben, werden sie nach einiger Zeit reduziert. Kleidung wird bereits nach zwei Monaten vom Bügel genommen und durch neue ersetzt. Werden die Kleider dann nicht von den Eigentümern abgeholt, werden sie umsonst an die Diakonie weitergegeben. So kommen die Sachen immer da an, wo sie am meisten gebraucht werden. Im Müll landet jedenfalls nichts.

Beispiel

0 Im ältesten Münchner Secondhand-Laden ...

- a) geht es turbulent zu.
- b) fühlt man sich wie in einem Kaufhaus.
- ~~c)~~ werden preiswert nützliche, aber auch wertvolle Dinge angeboten.

1 Den Laden betreten Menschen, ...

- a) die sich manchmal nur unterhalten wollen.
- b) die ganz sicher auch etwas kaufen wollen.
- c) die unbedingt etwas verkaufen wollen.

2 In dem Laden arbeiten ...

- a) nur ältere Frauen.
- b) täglich über 20 Frauen.
- c) Frauen, die Kunstgeschichte studiert haben.

3 Was war der Anlass für die Gründung des Ladens?

- a) Das Ende des Zweiten Weltkriegs.
- b) Dass die Sachen in Kaufhäusern zu teuer waren.
- c) Der Wunsch, Leuten zu helfen, die zu wenig Geld hatten.

4 Die Dinge, die in dem Laden verkauft werden, ...

- a) gehören armen Menschen.
- b) sind nicht beschädigt.
- c) stammen von Sammlern.

5 Was passiert mit Sachen, die nicht bald verkauft werden?

- a) Sie verstauben im Schrank.
- b) Sie werden billiger verkauft.
- c) Sie werden weggeworfen.

1 **Was ist auf dem Bild zu sehen? Wo könnte dieses Foto gemacht worden sein?**

2 **Hätten inklusive Wettkämpfe, d.h. Wettkämpfe, an denen sowohl behinderte als auch nicht behinderte Sportler teilnehmen, einen Sinn?**

3 **Welche Erklärung passt? Verbinden Sie.**

1 Eine **Veranstaltung** ist z.B. ...

2 **Adäquate** Unterstützung ist ...

3 Ein **unversehrter** Sportler ist ...

4 **Über** Strukturen **verfügen** bedeutet, dass ...

5 Eine Sportlerin **fördern** bedeutet, dass ...

6 Wenn eine Prothese dem Körper **überlegen** ist, dann ...

7 **Wettbewerbsfähige** Athleten sind ...

a ein Sportler, der keine Behinderung hat.

b man z.B. geeignete Trainingsräume hat.

c Athleten, die an einem Wettkampf teilnehmen können.

d ist die Prothese besser als der Körper.

e Unterstützung, die notwendig bzw. passend ist.

f man eine Sportlerin unterstützt, sodass sie sich verbessern kann.

g eine Show oder ein Wettkampf.

4 **Sie lesen in einer Zeitschrift Meinungsäußerungen zur Frage, ob Paralympics und Olympische Spiele zusammengelegt werden sollen.**
Welche Äußerung passt zu welcher Überschrift? Eine Äußerung passt nicht. Die Äußerung a ist das Beispiel und kann nicht noch einmal verwendet werden.

Tipp

Lesen Sie die Überschriften 1–4.
- Lesen Sie Text b und vergleichen Sie ihn mit den Überschriften. Ordnen Sie ihn der Überschrift zu, die passt. Achtung! Zu einem Text gibt es keine passende Überschrift.
- Machen Sie mit den Texten c–f genauso weiter.

Beispiel

0 Inklusive olympische Spiele brauchen Zeit und Planung **Lösung:** a

1 Die gemeinsame Veranstaltung wäre sicher eine Attraktion

2 Gemeinsame Spiele bedeuten adäquate Unterstützung von behinderten Athleten

3 Behinderte könnten bessere Erfolge erzielen als unversehrte Sportler

4 Die getrennte Durchführung unterstreicht die Wichtigkeit der Paralympics

Sollen Paralympics und Olympische Spiele zusammengelegt werden?

a (X)
Eine gemeinsame Durchführung von Paralympics und Olympischen Spielen ist nicht von heute auf morgen möglich, sondern erfordert langfristige Konzepte und Strategien. Man sollte auf jeden Fall mit den Sportverbänden anfangen, die ja über unterschiedliche Voraussetzungen, Strukturen und Ressourcen verfügen.

Theo, Nürnberg

b
Es mag gute Gründe dafür geben, warum die Paralympics ihre eigene Bühne bekommen, 14 Tage nach Ende der Olympischen Spiele. Die Wettkämpfe bekommen ihr eigenes Gewicht, die Öffentlichkeit sieht noch einmal gesondert hin, berühmte Sportler erhalten die verdiente Aufmerksamkeit.

Charlotte, Füssen

c

Olympische Spiele sind Medienspiele. Daher steht Publikumserfolg im Mittelpunkt dieser Veranstaltungen. Wenn behinderte und gesunde Sportler in gemeinsamen Wettkämpfen gegeneinander antreten würden, gäbe es sicherlich auch mehr gewünschte Medienaufmerksamkeit.

Lilli, Detmold

d

Ich weiß, dass gerade die Spitzensportler der Paralympics oft in regulären Vereinen trainieren. Wenn Olympia und Paralympics eine Veranstaltung würden, gäbe es außerdem nur einen Medaillenspiegel. Das würde dazu führen, dass die Länder ihre behinderten Sportler besser fördern und unterstützen würden.

Mats, Kirn

e

Wenn Menschen mit körperlicher Behinderung gegen unversehrte Menschen in derselben Sportart in den Olympischen Spielen konkurrieren, ist das der komplett falsche Weg. Denn die technische Entwicklung ist jetzt schon so weit, dass spezielle Prothesen in bestimmten Anwendungen dem menschlichen Körper überlegen sind.

Aaron, Krefeld

f

Was die Paralympics angeht, wird der Grundgedanke der Inklusion falsch aufgezäumt. Inklusion bedeutet nicht, dass Unterschiede wegredigiert werden. Denn es stellt sich notgedrungen die Frage, wie wettbewerbsfähig die Paralympics-Athleten bei normalen Olympischen Wettkämpfen wären. Manchmal muss man den Realitäten auch mal ins Auge schauen.

Annika, Jever

1 Ergänzen Sie das passende Verb.

entgegentreten • diffamieren • zuwiderhandeln • vorbehalten

1	schlecht über eine Person sprechen	eine Person _ _ _ _ _ _ _ _ e _ _ _
2	sich die Nutzung eines Rechts für die Zukunft offenhalten	sich das Recht _ _ _ _ _ _ _ _ _ _ _
3	die Gewalt bekämpfen	der Gewalt _ _ _ _ _ _ e _ _ _ _ _ _ _
4	ein Gesetz übertreten	einem Gesetz _ _ _ _ _ _ _ _ _ _ _ _ _ _

2 Was gibt es in einem Jugendgästehaus? Was glauben Sie? Kreuzen Sie an.

○  Feuerlöscher	○  Schlüsselkarte	○  Bügeleisen	○  Stecker
○  Wasserkocher	○ 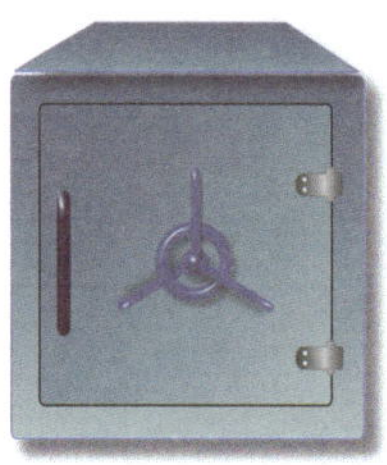 Safe	○  Schließfach	○  Kuvert
○  Haustürschlüssel	○  Waffen	○  Lastwagen	

3 **Sie sind in einem Jugendgästehaus und lesen die Hausordnung. Welche der Überschriften aus dem Inhaltsverzeichnis passen zu den Paragrafen? Vier Überschriften werden nicht gebraucht.**

Tipp

- Lesen Sie § 1 und die Überschriften a–h. Ordnen Sie die passende Überschrift zu. Achtung! Die Beispielüberschrift e können Sie nicht mehr verwenden.
- Machen Sie mit § 2 und § 3 genauso weiter.

Beispiel

0 Lösung: e

Hausordnung des Jugendgästehauses am Berliner Hauptbahnhof

Inhaltsverzeichnis

a Anreise und Abreise
b Alkohol, Rauschmittel, Waffen
c Diskriminierung, Rassismus
d Feuerverhütungsvorschriften, elektrische Geräte
~~e~~ Schlüsselkarten
f Umweltschutz
g Wertgegenstände
h Nachtruhe

§ 0 e

Unsere Gäste behalten während des Aufenthaltes die Schlüsselkarte bei sich, die gleichzeitig der Haustürschlüssel ist. Aus Sicherheitsgründen empfehlen wir, die Schlüsselkarte getrennt vom Zimmerausweis aufzubewahren. Bei Verlust müssen wir Ihnen Kosten von 5 Euro berechnen.

§ 1

Achten Sie auf die Aushänge auf den Fluren. Schäden oder Störungen melden Sie bitte unverzüglich an der Rezeption. Informieren Sie sich bitte über die Feuerlöschordnung und die Handhabung der Feuerlöscher sowie die Lage der Fluchtwege. Ziehen Sie den Stecker nach der Nutzung elektrischer Geräte. Bügeleisen erhalten Sie an der Rezeption. Die Nutzung von Bügeleisen und von Wasserkochern ist nur in ausgewiesenen Räumen gestattet.

§ 2

Für die Dauer des Aufenthaltes müssen Sie für die Aufbewahrung und Sicherheit Ihrer eigenen Sachen selbst sorgen, wir übernehmen keine Haftung. Geld oder kleine Gegenstände können Sie in einem Kuvert im Safe an der Rezeption hinterlegen oder Sie nutzen die Schließfächer in der Lobby.

§ 3

Das Jugendgästehaus tritt jeder Form von Diskriminierung, Gewalt und Fremdenfeindlichkeit entgegen. Sollte ein Gast in den Räumen oder auf dem Gelände des Jugendgästehauses diesen Überzeugungen zuwiderhandeln oder religiöse Gefühle verletzen, behalten wir uns die Kündigung des Beherbergungsvertrages vor. Verbale Äußerungen, Parolen sowie Gesten und Symbole, die geeignet sind, Dritte aufgrund von Hautfarbe, Geschlecht, Religion oder sexueller Orientierung zu diffamieren, sind verboten.

3 ÜBUNGSTEST Teil 1

1 **Was denkt wohl der Tramper auf dem Foto? Ergänzen Sie die Gedankenblase.**

2 **Lesen Sie die Geschichte des Trampers. Welche Erklärung passt zu den unterstrichenen Ausdrücken? Ordnen Sie zu.**

Thomas Hasler ist 19 Jahre alt und hatte seit immer nur einen Traum: Die Welt kennenzulernen und tolle Sachen erleben **(1)** zu können. Der Hafen von Hamburg, seiner Heimatstadt, weckte in ihm die Sehnsucht nach **(2)** der Ferne. Deswegen trampt er seit einem Jahr durch die Welt und sucht den Kontakt zu den Einheimischen **(3)**, um mehr über ihr Leben zu erfahren. Er ist auf die Bereitschaft von Autofahrern angewiesen **(4)**, die ihn mitnehmen möchten. Tausende Kilometer hat er so schon zurückgelegt **(5)** und seine Reise ist noch nicht zu Ende. Am liebsten würde er mit Begleitung **(6)** reisen, aber keiner seiner Freunde wollte mitkommen. Was er sich vor Beginn der Reise nicht vorstellen konnte: Er sehnt sich nach seiner Heimatstadt und vermisst **(7)** die Stimme seiner Freundin.

◯ zusammen mit anderen, nicht allein

◯ brauchen, abhängig sein von

◯ jemandem fehlt etwas

◯ etwas machen, sehen, hören, fühlen

◯ gehen/fahren/fliegen

◯ den Wunsch nach etwas wach werden lassen

◯ die Menschen, die jeweils an einem Ort leben, dort ihre Heimat haben

3 a Lesen Sie die Arbeitsanweisung von Aufgabe 4. Zu welchem Thema nehmen die Leute Stellung im Forum? Unterstreichen Sie.

b Lesen Sie in Aufgabe 4 die Aussagen 1–6 und unterstreichen Sie die Schlüsselwörter.

4 Sie lesen in einem Forum, was junge Leute zu Weltreisen ganz ohne Geld meinen. Auf welche der drei Personen treffen die einzelnen Aussagen zu? Die Personen können mehrmals gewählt werden.

Tipp

- Behalten Sie beim Lesen der Texte a–c die unterstrichenen Schlüsselwörter in den Aussagen 1–6 im Blick.
- Achtung! Mehr als eine Aussage kann passen.

Beispiel

0 Wer reist seit einiger Zeit immer mit Begleitung? **Lösung:** a

1 Wer ist froh, jedes Mal Land und Leute kennenzulernen?

2 Wer ist zu Fuß unterwegs?

3 Wer freut sich wie ein Kind auf jede neue Erfahrung?

4 Wer meint, dass man Alternativlösungen erst entdeckt, wenn man unterwegs ist?

5 Wessen Wünsche sind in Erfüllung gegangen?

6 Wer sehnt sich manchmal nach ganz einfachen Dingen?

Weltreise ohne Geld

a Benjamin

Zu dem Zeitpunkt, als ich meine Freundin Mata in Jordanien kennenlernte, war ich bereits seit drei Jahren auf Weltreise und hatte Dutzende Länder besucht. Wir beschlossen gemeinsam weiterzuziehen und ohne Geld durch die Welt zu reisen. Gegessen haben wir vor allem weggeworfene Lebensmittel, Früchte von Bäumen und was uns Menschen gegeben haben. Wenn du genug Geld hast, kannst du durch ein Land reisen, ohne die Leute vor Ort kennenzulernen. So ganz ohne Geld geht das nicht. Dann musst du offen auf die Einheimischen zugehen, da du auf ihre Hilfe angewiesen bist. Für Transport haben wir nie etwas zahlen müssen. Da gibt es so viele Möglichkeiten, die man sich zu Hause, wenn man auf der Couch sitzt und aus dem Fenster schaut, nicht vorstellen kann. Auch für Übernachtungen brauchen wir kein Geld. Wir schlafen im Freien, im Kloster, in besetzten Häusern. Das einzige Problem ist, dass wir nicht zu viel Gepäck dabei haben können.

b Shania

Ich hatte schon seit meinem 17. Lebensjahr den starken Wunsch die Welt zu sehen. Ich bin mit nur 50 Euro gestartet, denn das ist eine Summe, die wirklich jeder aufbringen kann. Mit wenig Geld zu reisen bedeutet, näher an den Leuten, der Sprache und der Kultur sein zu müssen, was ich toll finde. Es soll in meinem Leben immer aufregend sein. Ich bin neugierig wie eine Dreijährige und spüre die Gefahr nicht so, weil ich immer Extremsport gemacht habe. Meine arme Mutter hat wohl noch einige Schrecken mehr durchlebt als ich. Einmal dachte sie bereits, dass ich tot bin. Ich segelte in Piratengebieten nördlich von Venezuela. Die Fahrt verzögerte sich stark. Als ich mich dann endlich meldete, war meine Mutter überglücklich. Ich habe das große Glück, sehr viele einzigartig schöne und atemberaubende Situationen zu erleben. Unzählige meiner größten Träume habe ich tatsächlich erlebt.

c Steffi

Im Alter von fünf Jahren spürte ich das erste Mal den Drang, eines Tages Nomadin zu werden und die ganze Welt zu bereisen. Seit vier Jahren bin ich unterwegs und habe bisher 37 Länder in Europa bereist und rund 15.000 km zurückgelegt. Ich bin die ganze Strecke gelaufen. Es kommen aber natürlich noch ein paar Kilometer hinzu, die ich zum Teil mit der Fähre oder per Auto zurückgelegt habe. Natürlich habe ich manchmal Angst, aber meine Erfahrungen bis jetzt sind ein guter Ausgleich! Manchmal begleiten mich Freunde, aber die meiste Zeit reise ich allein. Was ich vermisse, ist Müsli mit Milch! Neben den mir nahe stehenden Menschen sind es vor allem solche Banalitäten aus dem Alltag, die hin und wieder auftauchende Sehnsüchte wecken.

1 **Raten Sie zu zweit. Was bedeuten die Ausdrücke? Besprechen Sie dann im Kurs.**

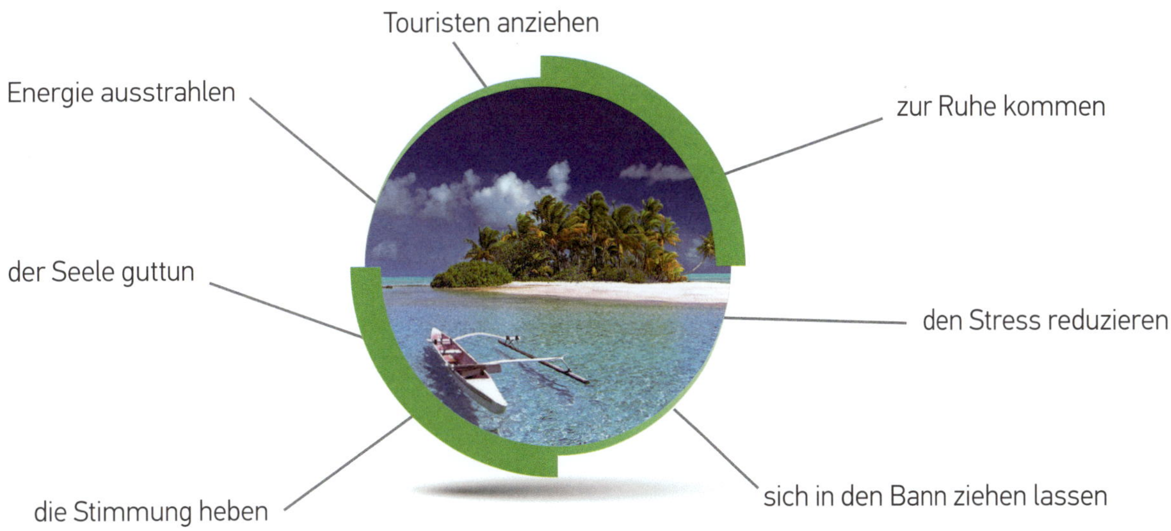

2 **Sie lesen in einer Zeitschrift über besondere Orte. Welche Sätze passen in die Lücken? Ein Satz passt nicht.**

Tipp

- Lesen Sie den Text bis zu Lücke 1. Lesen Sie auch noch den Satz nach der Lücke.
- Lesen Sie die Sätze a–g und überlegen Sie, welcher Satz in die Lücke 1 passt.
- Machen Sie mit den anderen Lücken genauso weiter.

Kraftspendende Orte

Manche Orte haben eine wunderbare, nicht erklärliche Ausstrahlung. Sie vermitteln eine besondere tiefe Ruhe, liefern aufbauende Energien und heben die Stimmung. Es sind Orte, die der Seele auf geheimnisvolle Weise guttun.

(...0...) Mit Pendel und Ruten orten Experten unsichtbare, dreidimensionale Energiefelder, die die Erde überziehen. Die Geomantie, wie die Lehre von diesen Energiefeldern heißt, ist eng mit dem fernöstlichen Feng-Shui verwandt. **(...1...)**

Schon früh in der Vergangenheit wussten Druiden, Schamanen und christliche Missionare um die magischen Energien solcher Plätze und nutzten sie für ihre Kultstätten. **(...2...)**

Doch nicht nur die Schamanen früherer Zeiten, sondern auch der moderne Mensch lässt sich von diesen Orten inspirieren. Zu den bekanntesten zählen Stonehenge in Großbritannien und die Pyramiden von Gizeh. **(...3...)** Der Alltag verblasst, man kommt zur Ruhe.

Der in Deutschland bekannteste und meist besuchte Kraftort ist der Teutoburger Wald. Als Touristenattraktion zieht diese Natursehenswürdigkeit jährlich 500.000 bis eine Million Touristen an. Schon in der Steinzeit waren die Externsteine, eine Felsformation aus Sandstein, bekannt.

Manchmal ist es jedoch einfach nur eine kleine Waldlichtung, die eine wundersame Energie ausstrahlt. Es muss also nicht immer ein bekannter Ort sein. **(...4...)**

Wir müssen ihn nur für uns entdecken. Kein Wunder also, dass Wälder, Berge oder einsame Strände zu den liebsten Rückzugsorten der Menschen gehören.

Schon seit Jahrtausenden und in allen Völkern der Welt gilt die Natur als Ärztin, Lehrmeisterin und Therapeutin. **(...5...)** Kein Wunder also, dass in einer Umfrage von Wissenschaftlern und der britischen Rundfunkanstalt BBC unter 18.000 Menschen „In-der-Natur-sein“ auf Platz zwei der Aktivitäten landete, die die Teilnehmer als besonders erholsam.empfanden – gleich nach dem Lesen.

Jede Auszeit in der Natur kann Stress reduzieren und bei der Suche nach der inneren Mitte helfen. Laut dem Naturcoach und Stressberater Steve Windisch aus Stuttgart nehmen dabei Angstzustände, Aggression, Depression und seelische Erschöpfung signifikant ab. **(...6...)** Die Folge ist, dass man die Herausforderungen der heutigen Zeit besser meistern kann.

Beispiel

0 Doch welche Wissenschaft deckt das Geheimnis solcher Orte auf?

- **a** So ein Platz liegt manchmal sogar direkt vor unserer Haustür.
- **b** Dadurch wird der Horizont erweitert.
- **c** Waldluft hat nämlich eine erstaunliche Wirkung auf unser Immunsystem.
- **d** Das Ziel dieser Wissenschaft ist die Harmonisierung des Menschen mit seiner Umgebung.
- **e** Später im frühen Mittelalter wurden dort Kirchen und Kathedralen gebaut.
- **f** An solchen berühmten Orten lassen sich Touristen in ihren Bann ziehen.
- **g** Nach dem ist das Geheimnis dieser Orte eine Wissenschaft für sich.

3 a **Lesen Sie noch einmal folgende Sätze aus Aufgabe 2 und unterstreichen Sie die Artikelwörter *dies-, solch-, so ein-* zusammen mit dem Nomen.**

(0) Doch welche Wissenschaft deckt das Geheimnis solcher Orte auf?

(d) Das Ziel dieser Wissenschaft ist die Harmonisierung des Menschen mit seiner Umgebung.

(f) An solchen berühmten Orten lassen sich Touristen in ihren Bann ziehen.

(a) So ein Platz liegt manchmal sogar direkt vor unserer Haustür.

b **Finden Sie den Platz der Sätze im Text. Lesen Sie die Sätze vor den Lücken. Worauf beziehen sich die unterstrichenen Artikelwörter und Nomen? Markieren Sie.**

Tipp

Dies-, solch-, so ein- **sind Artikelwörter und stehen immer vor einem Nomen. Zusammen mit dem Nomen beziehen sie sich auf Personen, Sachen oder Informationen, die im vorhergehenden Satz genannt wurden. So ist es möglich, den passenden Satz für eine Lücke zu finden.**

4 **Warum lesen Sie? Ergänzen Sie in jedem Satz einen Ausdruck, der für Sie passt.**

an diesen Orten • so ein Ort • diese Giganten • solchen Menschen • solche Orte

1 In der Schweiz gibt es viele Orte, die sich durch eine erhöhte Energie auszeichnen. ______________ eignen sich, um Kraft aufzutanken.

2 Die Externsteine in Nordrhein-Westfalen stammen aus der germanischen Zeit und sind 70 Millionen Jahre alt. ______________ besitzen eine positive Energie, die sich auf die Kreativität auswirkt.

3 In Europa gibt es über 300 geschützte Nationalparks. ______________ findet man von weiten Wiesen bis hin zu Gletschern alles an unberührter Natur, was man sich nur wünschen kann.

4 Viele sagenumwobene Orte strahlen seit eh und je eine große Faszination aus. ______________ ist auch das Kyffhäuserdenkmal in Thüringen.

5 Unsere Zeit wird immer schnelllebiger. Viele Berufstätige haben das Gefühl, sie müssten zu jeder Zeit erreichbar sein, auf alles sofort reagieren. ______________ ist ein Aufenthalt an einem kraftspendenden Ort zu empfehlen, damit sie entschleunigen können.

3 ÜBUNGSTEST Teil 3

1 a **Der arme Teddy hat nur noch einen Arm. Wie können Plüschtiere kaputtgehen, wie können Kinder Plüschtiere kaputt machen?**

b **Und Sie? Können Sie sich erinnern, ob Sie auch einmal ein Plüschtier kaputt gemacht haben? Erzählen Sie darüber.**

2 **Diskutieren Sie.**

Kann ein Plüschtier für Kinder gefährlich sein?

Kann ein Plüschtier brennen?

3 **Ordnen Sie den Sätzen die Bilder zu.**

a

b

c

d

1 ◯ Die Feuerwehr löscht das Feuer.

2 ◯ Ein Stockwerk eines Hochhauses hat Feuer gefangen.

3 ◯ Die Polizei trifft ein. Sie muss prüfen, wer oder was für das Feuer verantwortlich ist.

4 ◯ Das Hochhaus brennt. Die Flammen haben sich im ganzen Hochhaus ausgebreitet.

4 Ordnen Sie die Wörter den Fotos zu.

die Zange • die Schere • das Glasröhrchen

1 ______________ 2 ______________ 3 ______________

5 Welche Bedeutung haben die unterstrichenen Ausdrücke? Kreuzen Sie an.

1 Es ist wichtig, dass sich Lehrer über das Verhalten und die Reaktionen ihrer Schüler Gedanken machen, d.h. dass sie sich in sie hineinversetzen können.

a Lehrer sollen verstehen, wie Kinder denken.

b Lehrer sollen wissen, was Schüler lernen.

2 Für Autofahrer ist es obligatorisch, sich an die Verkehrsregeln zu halten. Sonst besteht die Gefahr, dass die Fahrer einen Strafzettel von der Polizei bekommen oder sogar einen Unfall bauen.

a Sie können es tun.

b Sie müssen es tun.

3 Das Kind hat gerade erst schwimmen gelernt. Es traut sich noch nicht, vom 1-m-Turm ins Wasser zu springen.

a Es hat nicht den Mut.

b Es hat keine Lust.

4 Beim Training darf man kein Bonbon im Mund haben und auch keinen Kaugummi kauen, denn man könnte sie verschlucken.

a Man könnte sie essen, ohne es zu wollen.

b Man könnte sie verlieren.

5 Kann ich einen Zettel von dem Notizblock abreißen? Ich möchte etwas notieren.

a Kann ich einen Zettel wegnehmen?

b Kann ich einen Zettel abholen?

6 Sie lesen in einer Zeitung einen Artikel über Spielzeugtester. Wählen Sie bei jeder Aufgabe die richtige Lösung.

Tipp

- Lesen Sie Aufgabe 1.
- Lesen Sie den Text bis zur Stelle, die zu Aufgabe 1 passt. Schreiben Sie die Aufgabennummer 1 neben die Textstelle.
- Lesen Sie die Textstelle noch einmal genau und vergleichen Sie sie mit Aufgabe 1. Kreuzen Sie die richtige Lösung a, b oder c an.
- Machen Sie mit den Aufgaben 2–4 genauso weiter.

Sicherheit gefragt

Sven R. ist von Beruf Spielzeugtester, obwohl die Bezeichnung Spielzeugzerstörer passender wäre. Er arbeitet beim TÜV (Technischer Überwachungsverein), einer Organisation, die viele Dinge auf ihre Sicherheit hin prüft, wie zum Beispiel Autos, Möbel, Küchengeräte – und eben auch Spielzeug. Mit Feuer, Zange und Schere stellt er zusammen mit 50 anderen Angestellten fest, ob und wie gefährlich ein Spielzeug für Kinder sein kann. Es gibt natürlich Regeln von der EU, wie Spielzeug sein muss. Aber nur, wer sich in ein Kind hineinversetzen kann, kann sich vorstellen, was es mit einem Spielzeug alles machen könnte.

Für Spielzeughersteller ist es nicht obligatorisch, ihre Produkte vom TÜV prüfen zu lassen, aber fast niemand traut sich, es nicht zu tun. Sollte sich nämlich ein Kind an einem Spielzeug wehtun oder sogar verletzen, dann ist der Produzent schuld.

Heute testet Sven, wie schnell ein Teddy Feuer fängt. Der Bär ist an ein Stück Eisen gebunden, wenige Zentimeter entfernt brennt eine Flamme. Schon fangen die ersten Haare des Kunstfells Feuer. Jetzt geht es darum, wie schnell sich die Flamme ausbreitet oder ob sie vielleicht von selbst wieder ausgeht. Denn wenn so ein Plüschtier zum Beispiel an der brennenden Kerze am Weihnachtsbaum Feuer fängt, muss das Kind noch genug Zeit haben, das Tier wegzulegen oder die Flamme mit den Eltern zu löschen. Andernfalls ist es für Kinder nicht geeignet.

Nun folgt ein weiterer Test. Der Teddy kommt in eine Maschine, wo ihn eine Zange festhält. Ein Teil der Maschine greift das Auge des Teddys und zieht zehn Sekunden lang so fest daran, wie ein wütendes Kind es tun könnte. Das Auge darf sich nicht lösen, wenn der Bär den Test bestehen will. Auch die Nase muss fest sitzen, sodass kein Kind sie abreißen und verschlucken kann, wenn es das Spielzeug in den Mund nimmt. Das tun ja besonders kleine Kinder gern.

Der nächste Schritt führt ins Chemielabor. Hier will man prüfen, ob das Material chemische Stoffe enthält, die krank machen können. Dem Teddy werden die Ohren abgeschnitten, in kleine Teile zerlegt und in Glasröhrchen gefüllt. Dann werden verschiedene Flüssigkeiten zu diesen kleinen Teilen gegeben, die wirken sollen wie z.B. Spucke oder Schweiß. So wird geprüft, was mit dem Material passiert, wenn man es in den Mund nimmt oder verschluckt. Weil man von manchen Stoffen krank werden kann, dürfen die sich nicht lösen.

Auch diesen Test besteht der Bär und gilt nun als sicheres Spielzeug, das seinen Weg ins Spielzeuggeschäft schafft. Den verbrannten und kaputten Fellhaufen will nun aber sicher kein Kind mehr haben.

Beispiel

0 Sven R. ...

- (x) macht Spielzeuge kaputt.
- (b) zerstört Küchengeräte.
- (c) spielt gern mit Kindern.

1 Spielzeughersteller ...

- (a) müssen ihre Produkte auf Sicherheit prüfen lassen.
- (b) richten sich nach den Regeln der EU.
- (c) sind für ihre Produkte verantwortlich.

2 Wenn ein Plüschtier brennt, ...

- (a) muss man es an ein Eisen legen.
- (b) darf sich die Flamme nicht schnell ausbreiten.
- (c) muss das Kind die Flamme löschen können.

3 Auge und Nase eines Teddys ...

- (a) darf man verschlucken.
- (b) nehmen Kinder gern in den Mund.
- (c) müssen sich wegnehmen lassen.

4 Im Chemielabor ...

- (a) wird das Plüschtier in Teile zerlegt.
- (b) herrscht größte Gefahr.
- (c) kann man krank werden.

3 ÜBUNGSTEST Teil 4

1 **Durch welches der folgenden Bilder fühlen Sie sich angesprochen und warum?**

1

2

2 **Was ist positiv (+) in einer Großstadt und was negativ (-)? Ergänzen Sie die Ausdrücke in der Tabelle.**

unpersönlich • Metropole der Welt • Lärm • Menschenmassen • Einkaufsmöglichkeiten • Luftbelastung • Kriminalität • Anonymität • hohe Lebenshaltungskosten • öffentliche Verkehrsmittel

+	-

3 Welche Erklärung passt? Verbinden Sie.

1 Wenn man sich am Puls der Zeit befindet,

2 Wenn eine Stadt eine gute Infrastruktur hat,

3 Wenn ein Ort Abwechslung bietet,

a dann hat sie große Straßen, Bahnlinien, Krankenhäuser, Gerichte, Hochschulen usw.

b dann wird es einem dort nie langweilig, da es immer etwas Neues zu entdecken gibt.

c dann weiß man immer, was gerade aktuell ist.

4 Sie lesen in einer Zeitschrift Meinungsäußerungen zum Leben in der Großstadt. Welche Äußerung passt zu welcher Überschrift? Eine Äußerung passt nicht. Die Äußerung a ist das Beispiel und kann nicht noch einmal verwendet werden.

Beispiel

0 In einer Großstadt leben heißt, sich am Puls der Zeit zu befinden **Lösung:** a

1 Die Großstadt kann zu unpersönlich werden

2 In der Großstadt ist es einfacher, umweltfreundlich zu leben

3 Raus aus der Stadt

4 Vorteile nicht nur für Erwachsene

5 Kulinarische Vielfalt für jeden Geschmack

Leben in der Großstadt

~~a~~ Zweifellos gehört das Großstadtleben mit zu den umtriebigsten, die es gibt. In einer Großstadt gibt es immer etwas zu entdecken: Konzerte, Ausstellungen oder Shopping-Nights. Neue Trends, angesagte Künstler oder aufstrebende Talente werden nicht umsonst in den Metropolen der Welt entdeckt.

Adrian, Bonn

b Wenn man es nüchtern betrachtet, ist das Leben mitten in einer großen Stadt mit viel Negativem behaftet: Lebenshaltungskosten, Lärm, Verkehrsaufkommen, Menschenmassen, Luftbelastung, Kriminalität usw. Als gebürtiges „Großstadtkind" bin ich froh, seit vielen Jahren in einem Dorf zu leben.

Lucy, Eichwalde

c

In der Anonymität der Großstadtgesellschaft wird man zu einer Nummer, zu einem kleinen Rädchen in einem riesigen, kaum mehr überschaubaren Getriebe; man kennt die Nachbarn nicht und den Bürgermeister nur aus der Zeitung. Diese Anonymität wirkt sich negativ auf die psychische Gesundheit ihrer Bewohner aus.

Niklas, Saarbrücken

d

In der Großstadt muss man nicht unbedingt selbst kochen, was gerade die jüngeren Leute noch mehr am Stadtleben reizt. Unzählige Pizzerias, Kebab-Buden, diverse Fast-Food-Ketten oder ganz klassische Hähnchen- und Würstchenbuden bieten viel Abwechslung. Sogar Vegetarier und Veganer finden in einer Großstadt fleischlose Gerichte.

Nina, Berlin

e

Ein städtischer Haushalt bläst bis zu 3,4 Tonnen weniger CO_2 pro Kopf und Jahr in die Luft, als er es auf dem Land tun würde. Auf dem Land wird mehr CO_2 freigegeben, weil mehr Leute dort in Einfamilien- statt in Mehrfamilienhäusern wohnen. Das bedeutet, dass sie aber auch mehr Energie verbrauchen.

Manuel, Rabenau

f

Für Kinder ist Wohnen in der Großstadt von Vorteil. Sie können wesentlich früher selbstständig in die Schule oder zu Freizeitaktivitäten gehen, denn in der Großstadt fährt ein Bus oder eine Straßenbahn in regelmäßigen Abständen. Viele Kinder treffen sich morgens auf dem Schulweg und fahren gemeinsam ohne Begleitung der Eltern.

Ella, Lünen

g

Vom Lebensgefühl einmal abgesehen haben Großstädte meist auch mehr Infrastruktur zu bieten. Das ergibt sich zwangsläufig aus der Tatsache, dass hier wesentlich mehr Menschen leben und die Nachfrage nach bestimmten Einrichtungen eben größer ist.

Tanja, Erlangen

1 Welche Ausdrücke zeigen, dass man etwas darf oder nicht darf? Ergänzen Sie sie in der Tabelle.

es ist erlaubt • es ist gestattet • es ist verboten • es ist zugelassen • es wird bewilligt • es ist/wird genehmigt • es ist untersagt • es ist zu unterlassen • man ist befugt

man darf	man darf nicht

2 Welcher zentrale Ausdruck passt in die Wortigel? Ergänzen Sie.

Fotografieren und Filmen • Verhalten • Aufbewahrung und Fundsachen

____

die Verwechslung
die Beschädigung
Wertgegenstände/Wertsachen
Gepäck, Kleidung, Schirme
das Schließfach
die Garderobe
der Verlust

____

kein Essen und keine Getränke mitnehmen
Absperrungen berücksichtigen
ausgestellte Objekte nicht berühren
im Zweifelsfall fragen
Tiere nicht zugelassen
große bzw. schwere Gegenstände an der Garderobe abgeben
das Handy nicht benutzen

____

die Medien
die Veröffentlichung
das Blitzlicht
das Stativ
die Öffentlichkeitsarbeit
die Aufnahme
die Pressearbeit

3 **Sie sind in einem Museum und lesen die Besucherordnung. Welche der Überschriften aus dem Inhaltsverzeichnis passen zu den Paragrafen? Vier Überschriften werden nicht gebraucht.**

Tipp

- Lesen Sie § 1 und die Überschriften a–h. Ordnen Sie die passende Überschrift zu. Achtung! Die Beispielüberschrift g können Sie nicht mehr verwenden.
- Machen Sie mit § 2 und § 3 genauso weiter.

Beispiel

0 Lösung: g

Besucherordnung des Deutschen Hygiene-Museums Dresden

Inhaltsverzeichnis

- **a** Rollstuhlfahrer und Kinderwagen
- **b** Fotografieren und Filmen
- **c** Eintrittspreise
- **d** Aufbewahrung und Fundsachen
- **e** Verhalten in Ausstellungen
- **f** Aufsichtspersonal
- ~~**g**~~ Lizenzierungen für Führungen
- **h** Alarm

§ 0 g

Gästeführer müssen den Besuch mit einer Gruppe gegen Zahlung einer Lizenzgebühr beim Besucherservice anmelden: Tel: 0343 4544-200, E-Mail: dienstl@dhmd.de

§ 1 ___

Bitte geben Sie sperrige Gegenstände wie Regenschirme, Rucksäcke, große Taschen und Koffer an der Garderobe ab, bevor Sie die Ausstellungen betreten, in Zweifelsfällen fragen Sie bitte unser Aufsichtspersonal.
Für Oberbekleidung und Schirme können Sie unsere kostenlosen Schließfächer oder die Garderobe nutzen. Abgegebene Gegenstände werden nur gegen Vorlage der Garderobenmarke ausgehändigt. Das Museum übernimmt für Wertgegenstände keine Haftung. Für Verlust, Verwechslung oder Beschädigung von aufbewahrten Stücken haftet das Museum nur im Fall von Vorsatz und grober Fahrlässigkeit.

§ 2 ___

Ausstellungsobjekte dürfen nicht berührt werden. Abgesperrte Bereiche und Podeste dürfen nicht betreten werden. In den Ausstellungen ist es nicht gestattet zu essen, zu trinken, zu rauchen und zu telefonieren.
Besucher haften für alle durch ihr Verhalten entstandenen Schäden und Aufwendungen.
Tiere sind im Museum nicht zugelassen, ausgenommen hiervon sind Blindenführhunde.

§ 3 ___

In der Dauerausstellung, im Kinder-Museum und den öffentlichen Bereichen des Museums ist das Fotografieren und Filmen zu privaten Zwecken erlaubt, Blitzlicht und Stative sind nicht gestattet, die Aufnahmen dürfen nicht veröffentlicht werden.
Im Rahmen der aktuellen Berichterstattung und zu kommerziellen Zwecken bedarf das Fotografieren und Filmen einer schriftlichen Genehmigung der Abteilung Presse- und Öffentlichkeitsarbeit.

1 **Die Jugendlichen auf dem Foto schauen sich eine Reality-Show an und amüsieren sich. Sind Sie auch ein Fan von solchen Sendungen? Warum (nicht)?**

2 **Besprechen Sie die Fragen, sammeln und ergänzen Sie Antworten.**

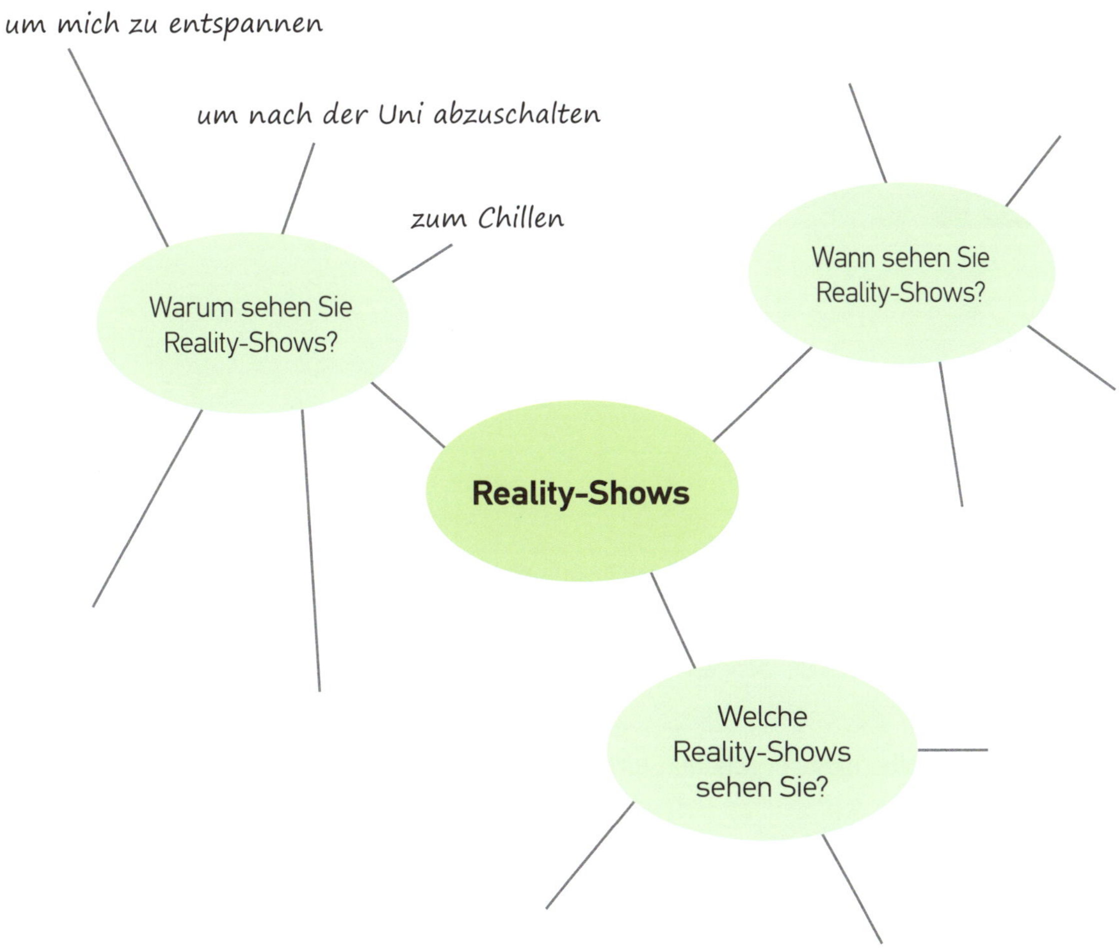

3 **Was passt Ihrer Meinung nach zu Reality-Shows? Unterstreichen Sie.**

Trash-TV • Nachrichten • banal • spannend • kulturelle Armut • Bildung •
Dokumentarfilme • für einen Kandidaten seine Stimme abgeben •
sich über die Teilnehmer lustig machen • Musik • Freundschaft • Geld • sich politisch bilden

4 a **Lesen Sie die Arbeitsanweisung von Aufgabe 5. Zu welchem Thema nehmen die Leute Stellung im Forum? Unterstreichen Sie.**

b **Lesen Sie in Aufgabe 5 die Aussagen 1–6 und unterstreichen Sie alle Schlüsselwörter.**

5 **Sie lesen in einem Forum, was junge Leute zu Trash-TV, wie z.B. Reality-Shows, meinen. Auf welche der drei Personen treffen die einzelnen Aussagen zu? Die Personen können mehrmals gewählt werden.**

Tipp

- Behalten Sie beim Lesen der Texte a–c die unterstrichenen Schlüsselwörter in den Aussagen 1–6 im Blick.
- Achtung! Mehr als eine Aussage kann passen.

Beispiel

0 Wer schaut Trash-TV, um sich zu entspannen? **Lösung:** a

1 Wer hat Casting-Shows geliebt? ◯

2 Wer hat als Zuschauer gern das Ergebnis der Show beeinflusst? ◯

3 Für wen ist das Anschauen solcher Sendungen nicht unbedingt ein Zeichen von Niveaulosigkeit? ◯

4 Wer glaubt, dass Jugendliche Trash-TV schauen, um in der Pause mitreden zu können? ◯

5 Wer findet die Erwartungen der Eltern unrealistisch? ◯

6 Wer schaut heute kein Trash-TV mehr? ◯

Der Trend zum schlechten Fernsehen

a Anna

Nach einem langen anstrengenden Schultag kommt man nach Hause und möchte nur eins: ausruhen. Genügend Zeit, um mal vor die Türe zu gehen, hat man leider nicht, schließlich warten auch noch die Hausaufgaben. Entweder man greift zum Buch oder man schnappt sich die Fernbedienung und wählt zwischen den von unseren Eltern so kritisierten „Unterschichtenkanälen" des privaten Fernsehens. Auch wenn wir es nicht gerne öffentlich zugeben und erst recht nicht vor unseren Eltern, die nicht verstehen können, wie man sich solch „niveaulose Sendungen" freiwillig anschauen kann, nutzen wir die Sender gerne, um abzuschalten. Trotzdem scheint das Wunschbild von „politisch engagierten" Jugendlichen fest in den Gedanken unserer Eltern verankert zu sein, die davon ausgehen, dass wir nicht Trash-TV, sondern öffentlich-rechtliche Kulturprogramme zum „Chillen" nach einem Neun-Stunden-Schultag nutzen. Falsch gedacht.

b Vicky

Egal ob Reality-Shows oder Casting-Shows, Trash-TV hat seit Jahren Hochkonjunktur. Darüber hinaus stellt sich die Frage, wie diese Sendungen derart erfolgreich sein können. Was Jugendliche so an den Programmen von Trash-TV reizt, ist meiner Meinung nach vor allem die Banalität und die Einfachheit. Die Themen sind immer die gleichen, die Schauspieler sind viel zu schlecht, und bereits am Anfang wissen wir, wie das Ende aussieht. Abgesehen davon sind solche Sendungen in gewisser Hinsicht Ausflüge in gesellschaftliche Realitäten, mit denen wir ansonsten wenig zu tun haben. Dieser TV-Konsum ist keinesfalls Ausdruck einer kulturellen Armut, solange wir Jugendlichen eben wissen, wo es Ablenkung gibt und wo wir uns politisch bilden können. Der Satz „Sage mir, was du siehst, und ich sage dir, wer du bist" wird zwar von Eltern oft verwendet, wird aber dadurch nicht richtiger.

c Johannes

Als ich jünger war, interessierte ich mich gewaltig für Casting-Shows. Damals habe ich keine Sendung verpasst. Sie waren Schulhofthema. Wir schauten zu, um mitreden zu können oder um uns über die Mitwirkenden lustig zu machen. Wir konnten und wollten uns von den Traumbildern, die diese Sendungen inszenierten, nicht distanzieren, sondern teilten mit den Kandidaten den Traum von medialem Ruhm und einer Karriere als Bühnenstar. Ein besonderer Reiz übte die Tatsache aus, dass wir als Publikum über kostenpflichtige Anrufe oder Textnachrichten sowie per App unsere Stimme abgeben und parallel an Gewinnspielen teilnehmen konnten. Meine Eltern hatten mir das Zuschauen nicht verboten. Sie fragten mich einfach, warum ich die Sendung unbedingt sehen möchte, um meine Faszination dafür zu verstehen. Sie haben auch zusammen mit mir einige Folgen geschaut und dann haben wir darüber diskutiert. So haben sie mich zum kritischen Nachdenken angeregt.

4 ÜBUNGSTEST Teil 2

1 Welche Erklärung passt? Verbinden Sie.

1	über die Ladentische gehen	a	auf der ganzen Welt
2	sich aus der Menge absetzen	b	man kann es sehen (an)
3	den Eindruck erwecken, als ob	c	verkauft werden
4	im Vergleich zu	d	auf verschiedene Weise benutzen können
5	es wird ersichtlich (aus)	e	so aussehen, als ob
6	rund um den Globus	f	verglichen mit
7	der Einsatzbereich wird erweitert	g	sich von den anderen unterscheiden

2 Ersetzen Sie den unterstrichenen Ausdruck durch das passende Synonym aus 1.

1 Soziale Netzwerke bieten die Möglichkeit, mit Leuten <u>auf der ganzen Welt</u> (___) zu kommunizieren.

2 Dass das Handy die beliebteste Freizeitbeschäftigung der Jugendlichen ist, <u>kann man daran sehen</u> (___), dass sie es kaum aus der Hand legen.

3 Täglich <u>werden</u> Tausende kleiner Supercomputer mit Internetverbindung – genannt Smartphones – <u>verkauft</u> (___).

4 Laptops werden immer leistungsfähiger und man <u>kann</u> sie <u>auf verschiedene Weise benutzen</u> (___).

5 Jugendliche, die auf ihrem Handy simsen oder surfen, <u>sehen so aus</u>, <u>als ob</u> (___) sie nichts davon mitkriegen, was um sie herum passiert.

6 <u>Verglichen mit</u> (___) früher ist der Computer heutzutage ein zentrales Arbeitsinstrument im Beruf.

7 Jugendliche wünschen sich manchmal besonders teure Smartphones, um <u>sich von den anderen</u> zu <u>unterscheiden</u> (___).

3 a Wie heißen die Synonyme? Ergänzen Sie die Buchstaben in der richtigen Reihenfolge.

1 simpel = (f-c-h-n-e-i-a) e________h

2 kugelig = (d-u-r-n) r____d

3 schlicht = (s-c-h-b-e-d-e-i-e-n) b____________n

4 einheitlich = (l-g-c-h-e-i) g_______h

5 rasant = (l-l-s-c-h-e-n) s________l

b Ergänzen Sie die Adjektive aus a in der richtigen Form.

1 Der Esstisch ist mit ________________ Kerzen geschmückt.

2 Ein ________________ Kleid gehört in den Kleiderschrank jeder Dame.

3 War das Mittagessen üppig, sollte das Abendessen ________________ sein.

4 In vielen Ländern tragen die Schüler ________________ Schuluniformen.

5 In diesem schicken Modell legen Sie auch längere Distanzen in ________________ Fahrt zurück.

4 Sie lesen in einer Zeitschrift über die Geschichte der Playmobilfiguren. Welche Sätze passen in die Lücken? Zwei Sätze passen nicht.

Tipp

- **Lesen Sie den Text bis zu Lücke 1. Lesen Sie auch noch den Satz nach der Lücke.**
- **Lesen Sie die Sätze a–h und überlegen Sie, welcher Satz in die Lücke 1 passt.**
- **Machen Sie mit den anderen Lücken genauso weiter.**

Playmobil eine Erfolgsgeschichte

Seit mehr als 40 Jahren begeistern die 7,5 cm kleinen Playmobilfiguren Kinder und jung Gebliebene. Im letzten Jahr gingen rund drei Milliarden Figuren weltweit über die Ladentische und bevölkerten die Kinderzimmer rund um den Globus. **(...0...)** Würde man alle Figuren nebeneinanderstellen, würde die Reihe unseren Planeten 3,6 Mal umspannen. Seit dem Jahr 1974 wurden mehr als 5.100 Varianten der kleinen Männchen entwickelt, jede Sekunde werden 3,2 Figürchen „geboren", während die Weltbevölkerung um rund zwei Menschen pro Sekunde wächst.

Die Idee der Kunststofffiguren ist äußerst simpel. **(...1...)** Und das Familienunternehmen des Zirndorfer Playmobil-Produzenten konnte sich auf diese Weise aus der Menge der Spielzeughersteller in Franken absetzen.

Die stets freundlich dreinblickenden Figuren entsprechen der Wahrnehmungsweise der kindlichen Benutzer. **(...2...)** Sie erwecken den Eindruck, dass sie noch unsicher auf den Beinen stehen, obwohl sie Erwachsene darstellen. Das Kind soll sich mit der Figur identifizieren können.

Die allerersten Figürchen waren im Vergleich zu den heutigen Modellen eher schlicht. **(...3...)** Es folgten Burgen sowie mittelalterliche Häuser, Bauernhof- und Farm-Welten sowie eine Zirkuswelt, Piraten und Wintersport-Figürchen. Seit 1976 gibt es auch Frauen im Sortiment.

Dabei bekam jede Spielwelt eine eigene Farbe, sodass die Kunden keine Schwierigkeiten bei der Suche nach passendem Zubehör hatten. Auch wurde die einheitliche blaue Farbe der Verpackungen eingeführt. Um verstärkt Mädchen anzusprechen, wurden ab 1989 Puppenhäuser entwickelt. **(...4...)**

Nach 1982 wurden neue technische Möglichkeiten genutzt und es kamen bewegliche Hände hinzu. **(...5...)** Das Greifen und Bewegen von Gegenständen wurde möglich.

Wer aber hätte damit gerechnet, dass der „Mini Martin Luther", der Anfang 2015 aus Anlass des Jubiläums „500 Jahre Reformation in Deutschland" seinen Weg hinaus in die Welt machte, zur bisher erfolgreichsten Figur in der Geschichte von Playmobil würde? **(...6...)** Die Miniausgabe – eine Idee der Nürnberger Tourismuszentrale – gilt als beliebtes Souvenir und Mitbringsel für Menschen aus aller Welt.

Beispiel

0 Das bedeutet ein rasantes Wachstum in vier Jahrzehnten.

a Denn der Spielzeughersteller konnte nicht ahnen, dass seine Püppchen weltbekannt werden sollten.

b Genauso wie Kinder Menschen zeichnen, ist der Kopf nämlich rund und kugelig.

c Obwohl die historische Figur nicht in Spielwarenläden erhältlich ist, wurde sie bis jetzt über eine Million Mal verkauft.

d Dies wird bereits beim rosafarbenen Design der zugehörigen Verpackungen ersichtlich.

e Zu Beginn gab es zwar nur die drei Spielwelten – Baustelle, Indianer und Ritter –, aber schon wenig später kamen Polizisten und Feuerwehrmänner hinzu.

f Denn nun konnten alle Figuren in allen Spielwelten eingesetzt werden.

g Trotzdem hat sie die Welt erobert.

h Indem sie nun auch drehbar waren, konnte der Einsatzbereich der Püppchen erheblich erweitert werden.

5 **Unterstreichen Sie in den Sätzen die Pronomen.**

	Singular	Plural
(g) Trotzdem hat sie die Welt erobert.		
(h) Indem sie nun auch drehbar waren, konnte der Einsatzbereich der Püppchen erheblich erweitert werden.		

6 **Unterstreichen Sie in 5 auch das Verb im Satz mit dem Pronomen.**

7 **Steht das Pronomen für ein Nomen im Singular oder Plural? Kreuzen Sie in 5 an.**

8 **Worauf beziehen sich die Pronomen? Suchen Sie im Text und markieren Sie die Nomen.**

Tipp

Das Pronomen und das dazugehörige Verb geben Informationen über ein Nomen im vorigen Satz. So ist es möglich, den passenden Satz für eine Lücke zu finden.

9 a **Lesen Sie die Texte und unterstreichen Sie im zweiten Satz das Pronomen und das dazugehörige Verb.**

b **Unterstreichen Sie dann im ersten Satz das Nomen, auf das sich das Pronomen bezieht.**

1 Playmobil-Spielzeug ist aus Kinderzimmern nicht mehr wegzudenken und kann auf eine bewegte Geschichte zurückblicken. Bereits im Jahre 1970 beginnt sie im fränkischen Zirndorf, wo Horst Brandstätter die Idee für das neue Systemspielzeug hatte.

2 Seit dem Jahr 2000 gibt es in Zirndorf einen Freizeitpark für kleine und große Liebhaber der Kunststofffiguren. Sich in der Gestaltung thematisch an den bekannten Plastikfiguren orientierend, dient er vor allem dem Bewegungsdrang der kleinen Besucher.

3 Der 90.000 Quadratmeter große Park lädt seine Besucher in eine fantastische Spielwelt im Großformat ein. Dort können sie alles hautnah erleben und erspielen.

4 ÜBUNGSTEST Teil 3

1 Ordnen Sie die Wörter den Fotos zu.

der Spielwürfel • der Zauberwürfel • der Glaswürfel

1 ____________________

2 ____________________

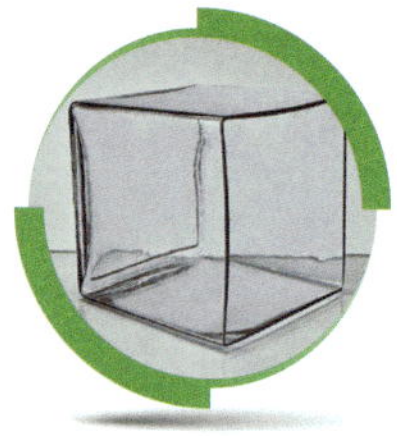

3 ____________________

2 a Was fällt Ihnen zu dem Begriff „App“ ein? Ergänzen Sie.

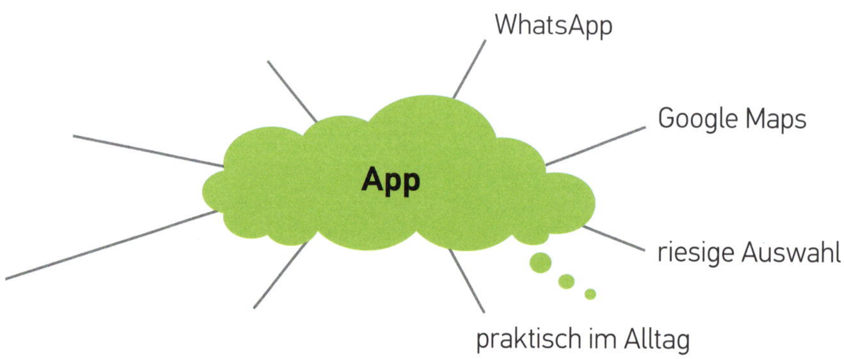

b Wozu benutzen Sie Apps?

3 Welche Bedeutung haben die unterstrichenen Wörter? Markieren Sie in Satz b, was den unterstrichenen Wörtern in Satz a entspricht.

1 (a) Viele Firmen haben ihren Sitz in San Francisco.
(b) Es gibt eine Menge Unternehmen, die in San Francisco ansässig sind.

2 (a) Heutzutage kann man viele Dinge per App bestellen.
(b) In unserer Zeit ist es schon fast üblich, etwas über das Internet zu ordern.

3 (a) Viele Schnellrestaurants liefern das Essen nach Hause.
(b) Schnellrestaurants bringen die Bestellung an den gewünschten Ort.

4 (a) Werden Printmedien in Zukunft abgeschafft?
(b) Wird es Zeitungen und Bücher bald nicht mehr geben?

5 (a) Verkehrsampeln regeln den Verkehr.
(b) Verkehrsampeln bestimmen, wann Autos an einer Kreuzung halten müssen.

4 a Welche Bedeutung hat der Satz? Kreuzen Sie an.

Viele Menschen sind arbeitslos.

- ◯ Viele Menschen haben Arbeit.
- ◯ Viele Menschen haben keine Arbeit.

b Was ist richtig? Kreuzen Sie an.

Aus einem Nomen und *-los* wird ein Adjektiv.

- ◯ *-los* zeigt, dass jemand etwas hat / dass etwas da ist.
- ◯ *-los* zeigt, dass jemand etwas nicht hat / dass etwas nicht da ist.

c Ergänzen Sie das passende Adjektiv.

hoffnungslos • traumlos • lustlos • fahrerlos • erfolglos

1 Denis hat tief und fest geschlafen. Er hatte keine Träume. Sein Schlaf war ____________________.

2 Sabine hat an der Sprachprüfung teilgenommen. Leider hatte sie keinen Erfolg. Ihre Teilnahme war ____________________.

3 Für den Kranken bestand keine Hoffnung auf Heilung. Sein Zustand war ____________________.

4 Ein Autopilot lenkt selbstfahrende Autos automatisch. Die Autos sind ____________________.

5 Es kommt vor, dass Clarissa keine Lust hat zu kochen. Dann macht sie sich nur ____________________ an die Arbeit.

5 **Sie lesen in einer Zeitung einen Artikel über die Digitalisierung in unserem Alltag.**
Wählen Sie bei jeder Aufgabe die richtige Lösung.

Tipp

- Lesen Sie Aufgabe 1.
- Lesen Sie den Text bis zur Stelle, die zu Aufgabe 1 passt. Schreiben Sie die Aufgabennummer 1 neben die Textstelle.
- Lesen Sie die Textstelle noch einmal genau und vergleichen Sie sie mit Aufgabe 1. Kreuzen Sie die richtige Lösung a, b oder c an.
- Machen Sie mit den Aufgaben 2–6 genauso weiter.

Das Restaurant der Zukunft befindet sich ganz in der Nähe der Google-Niederlassung in San Francisco. Vergeblich hält man dort Ausschau nach Tischen, Stühlen, aber auch nach Kellnern. Weit und breit ist kein Angestellter zu sehen, nur viele iPads und eine Wand aus Glaswürfeln. Nachdem man die Bestellung auf dem Tablet aufgegeben hat, leuchtet wenige Minuten später auf einem der Glaswürfel der Name des Kunden auf und das Essen steht bereit. Unsichtbare Küchenkräfte haben es offensichtlich im Nu zubereitet.

Der ganze Prozess ist vollautomatisiert und wahnsinnig schnell. Während in anderen – normalen – Restaurants das Warten auf die Bestellung oft länger dauert als das Essen selbst, können die Angestellten hier in Ruhe ihre Mittagspause genießen.

Aber es kann noch futuristischer zugehen. In anderen Restaurants bestellt man sein Mittagessen bei einem Lieferservice und bekommt es von einem kleinen, selbstfahrenden Roboter geliefert. Ausgestattet mit allerlei Sensoren, findet der Roboter autonom den Weg vom Restaurant bis zur Haustür.

Das Silicon Valley mit der inoffiziellen Hauptstadt San Francisco ist das globale Zentrum des technischen Fortschritts. Große Firmen wie Hewlett-Packard, Apple, Google, Facebook, Twitter sind hier ansässig. Tausende Start-ups arbeiten an neuen Ideen und probieren ihre Erfindungen zuerst vor der eigenen Haustür aus. San Francisco ist das Versuchslabor für neue technische Erfindungen schlechthin.

Inzwischen wird in dieser Stadt fast alles per App geordert; es gibt digitale Plattformen für viele Lebensbereiche. Sei es, dass man gerade einen Haushaltshelfer braucht, der für ein paar Dollar das IKEA-Regal aufbaut oder den Keller ausmistet, oder dass man auf dem Smartphone angezeigt bekommt, dass ein Hundeausführer in der Nähe ist und noch eine Leine frei hat.

Natürlich wird dabei auch kaum noch bar bezahlt, sondern per App, indem das Geld, ohne Kontodaten oder Bankinformationen einzugeben, einfach per SMS oder Instant Message unter den Nutzern der App transferiert wird.

Eine andere App, über die sich per Knopfdruck eine Mitfahrgelegenheit rufen lässt, hat in kürzester Zeit die Art verändert, wie sich die Menschen durch San Francisco bewegen. Es gibt auch Firmen, die einen chauffieren, und das zudem noch zu einem äußerst günstigen Tarif. Einfach die App öffnen, dann erscheint wenige Minuten später ein Auto. Preis, Route und Fahrtzeit werden vorher von einem Algorithmus berechnet und angezeigt, die Transparenz ist maximal.

Allerdings stellt sich da die Frage, wie lange es die menschlichen Fahrer noch geben wird, denn schon arbeiten rund ein Dutzend Unternehmen fleißig an ihrer Abschaffung, indem sie selbstfahrende Autos erproben. Täglich begegnet man auf den Straßen von San Francisco fahrerlosen Autos, die sich mit Laser- und Radarsensoren bestückt ihren Weg autonom durch den Verkehr bahnen. Wie im Restaurant ohne Kellner hat man also dann auch bald im Taxi seine Ruhe vor nervigen Taxifahrern. Ob wir dann Konversationsroboter brauchen, damit wir uns nicht so einsam fühlen?

Beispiel

0 Im kellnerlosen Restaurant ...

- a gibt es keine Angestellten.
- ~~b~~ gibt es weder Tische noch Stühle.
- c kommt das Essen auf einem Glaswürfel.

1 In normalen Restaurants ...

- a liefert ein Roboter das Essen.
- b dauert das Essen länger.
- c muss man oft lange auf das Essen warten.

2 Im Silicon Valley ...

- a gibt es nur große Firmen.
- b haben Start-ups keine Haustüren.
- c werden neue Ideen realisiert.

3 In San Francisco ...

- a regelt man den Alltag digital.
- b baut IKEA Regale.
- c geht niemand mit seinem Hund spazieren.

4 Bargeld ...

- a wird nicht mehr benutzt.
- b wird von der Bank bezahlt.
- c spielt immer weniger eine Rolle.

5 Was kann man per App bestellen?

- a Ein Auto mit Mitfahrer.
- b Ein Auto mit Chauffeur.
- c Ein Auto mit Algorithmus.

6 Was ist fraglich?

- a Ob Unternehmen abgeschafft werden.
- b Ob der Beruf des Taxifahrers weiterhin existieren wird.
- c Ob es das selbstfahrende Auto geben wird.

4 ÜBUNGSTEST Teil 4

1 Welche der folgenden Nahrungsmittel bzw. Getränke gibt es Ihrer Meinung nach als Genfood?

1 Apfel

2 Bonbons

3 Kaffee

4 Getreide

5 Fleisch

2 Welche Erklärung passt? Verbinden Sie.

1	Nebenwirkungen	a	eine positive Weiterentwicklung
2	meiden	b	Folgen haben
3	Fortschritt	c	Probleme verursachen
4	sich auswirken	d	zusätzliche Wirkungen, die weder erwünscht noch erwartet sind
5	Schaden anrichten	e	risikofrei
6	unbedenklich	f	nicht benutzen

3 Sie lesen in einer Zeitschrift Meinungsäußerungen zum Thema Genfood. Welche Äußerung passt zu welcher Überschrift? Eine Äußerung passt nicht. Die Äußerung a ist das Beispiel und kann nicht noch einmal verwendet werden.

Tipp

- Lesen Sie die Überschriften 1–5.
- Lesen Sie Text b und vergleichen Sie ihn mit den Überschriften. Ordnen Sie ihn der Überschrift zu, die passt. Achtung! Zu einem Text gibt es keine passende Überschrift.
- Machen Sie mit den Texten c–g genauso weiter.

Beispiel

0 Die Gentechnik ist eine willkommene Entwicklung **Lösung:** a

1 Die Nebenwirkungen von Gentechnik geben Anlass zur Besorgnis

2 Man sollte genmanipulierte Produkte bewusst meiden

3 Verbraucher dürfen nicht zu Testpersonen werden

4 Gentechnisch veränderte Nahrungsmittel in Deutschland kaum zu kriegen

5 Auch indirekt hält die Gentechnik Einzug in unser Leben

Genfood

a

Ich verstehe Gentechnik im recht positiven Sinn, nämlich als Ausbessern der Fehler in der Natur. Ich bin überzeugt davon, dass ihr Einsatz nicht nur wichtig, sondern zwingend notwendig ist. Es handelt sich nämlich um einen großen Fortschritt, da man damit Lebensmittel verbessern kann.

Jonte, Dülmen

b

Forscher haben noch nicht geklärt, wie sich der Verzehr von genmanipulierten Produkten langfristig auf die menschliche Gesundheit auswirkt. Es hat keine Versuche gegeben und mögliche längerfristige Gesundheitseffekte von Genfood werden nicht systematisch überwacht. Somit werden alle Konsumenten zu Versuchskaninchen gemacht, was unakzeptabel ist.

Ben, Neu-Anspach

c

Ich würde genmanipulierte Lebensmittel ohne zu zögern essen. Man bekommt diese nur nicht, weil es in Deutschland dafür keinen Markt gibt. Die Supermärkte sind voll mit Lebensmitteln, die ohne Gentechnik hergestellt wurden, da die meisten Deutschen Genfood als böse abgehakt haben, so wie die Atomkraft.

Ella, Nittenau

d

Für mich steht eher die Frage nach den Auswirkungen der frei werdenden artenfremden Gene im Vordergrund, wenn fremde Arten nicht unter Kontrolle gebracht werden können und Schaden anrichten. Wie sollen wir artfremde Gene aus der Flora entfernen, wenn es zu dem eventuellen Übersprung zwischen Genmanipulation und Natur kommt?

Ava, Rhens

e

Genfood hört sich primär gut an. Vielleicht brauchen wir ja gentechnisch veränderte Lebensmittel, um den Hunger in der Welt zu besiegen, indem Pflanzen resistent gegen bestimmte Bakterien gemacht werden. Darüber wird höchst kontrovers diskutiert und sehr emotional. Die Wahrheit liegt wohl – wie meistens – irgendwo in der Mitte.

Renesmee, Markdorf

f

Heute Morgen schon Milch im Kaffee getrunken oder über das Müsli geschüttet? Dann ist es sehr wahrscheinlich, dass man im weitesten Sinn mit Gentechnik in Berührung gekommen ist. Denn konventionell hergestellte Milch stammt zum größten Teil von Kühen, die mit Gensoja aufgepäppelt wurden. Die ganze Pro-Kontra-Diskussion finde ich also sinnlos.

Bent, Aken

g

Genfood ist keineswegs so unbedenklich, wie die Hersteller uns glauben machen wollen. Genfood ist einfach Dreck, den kein Lebewesen essen sollte! Man sollte dementsprechend das Kaufverhalten anpassen. Denn nur durch strikten Boykott solcher Produkte haben wir eine Chance, so was langfristig zu verhindern!

Cyril, Pankow

4 ÜBUNGSTEST Teil 5

1 Ergänzen Sie das passende Verb.

einhalten • erleiden • nachkommen

1 jemandem passiert ein Schaden — einen Schaden __________

2 die Bestimmungen/Regeln beachten — die Bestimmungen __________

3 den Anordnungen/Anweisungen folgen — den Anordnungen __________

2 Was bedeuten die unterstrichenen Ausdrücke? Kreuzen Sie an.

1 Wegen eines gefährlichen Fouls <u>wurde der Fußballer des Spielfeldes verwiesen</u>.

a Der Fußballer musste das Spielfeld verlassen.

b Der Fußballer durfte auf dem Spielfeld bleiben.

2 Jugendlichen unter 16 Jahren <u>ist der Besuch von Konzerten ohne Begleitung eines Erziehungsberechtigten verwehrt</u>.

a Jugendliche unter 16 Jahren dürfen allein Konzerte besuchen.

b Jugendliche unter 16 Jahren dürfen Konzerte nur besuchen, wenn ein Erziehungsberechtigter sie begleitet.

3 Das Schwimmbad <u>übernimmt keine Verantwortung</u> für Schäden an den geparkten Fahrzeugen.

a Für Schäden an den geparkten Fahrzeugen ist das Schwimmbad nicht verantwortlich.

b Für Schäden an den geparkten Fahrzeugen ist das Schwimmbad verantwortlich.

3 a Ordnen Sie jedem Schild aus einem Schwimmbad den passenden Satz zu.

A

B

C

D

E

1 Vor dem Eintreten in den Innenbereich des Schwimmbads sind schmutzige Füße zu waschen.

2 Damen mit langen Haaren haben eine Badekappe zu tragen.

3 Die Rampen für Rollstuhlfahrer sind nicht als Rutschen zu benutzen.

4 Kinder sind im Schwimmbecken von Aufsichtspersonen zu begleiten.

5 Die Rutschenden haben einen Sicherheitsabstand von 2 Metern einzuhalten.

b Lesen Sie die Sätze in a noch einmal. Was bedeuten die Wörter? Kreuzen Sie an.

1 sind ... zu waschen

a müssen ... gewaschen werden | b wollen ... gewaschen werden

2 haben ... zu tragen

a können ... tragen | b müssen ... tragen

3 sind nicht ... zu benutzen

a dürfen nicht ... benutzt werden | b wollen nicht ... benutzt werden

4 sind ... zu begleiten

a möchten ... begleitet werden | b müssen ... begleitet werden

5 haben ... einzuhalten

a müssen ... einhalten | b können ... einhalten

4 Formen Sie die Sätze um und benutzen Sie das Modalverb *müssen* oder *dürfen*.

1 Bei Gewitter sind die Schwimmbecken sofort und auf schnellstem Weg zu verlassen.

Bei Gewitter muss man ________________

2 Beim Benutzen der Schwimmbecken sind andere Besucher in keiner Weise zu belästigen.

____

3 Bei der Benutzung des Schwimmbeckens haben alle Badegäste auf gegenseitige Rücksichtnahme zu achten.

____

4 Findet ein Besucher die Einrichtung verunreinigt oder beschädigt vor, so hat er dies sofort dem Personal mitzuteilen.

____

5 **Sie sind in einem Schwimmbad und lesen die Bade- und Benutzungsordnung. Welche der Überschriften aus dem Inhaltsverzeichnis passen zu den Paragrafen? Vier Überschriften werden nicht gebraucht.**

Tipp

- Lesen Sie § 1 und die Überschriften a–h. Ordnen Sie die passende Überschrift zu. Achtung! Die Beispielüberschrift b können Sie nicht mehr verwenden.
- Machen Sie mit § 2 und § 3 genauso weiter.

Beispiel

0 Lösung: b

Bade- und Benutzungsordnung des Schwimmbads Plauheim

Inhaltsverzeichnis

a Badezeiten
~~b~~ Allgemeine Ordnungsvorschriften
c Verhalten an und in den Schwimmbecken
d Betriebshaftung
e Fundgegenstände
f Aufsicht
g Ausleihe von Spiel- und Sportgeräten
h Ausschluss aus dem Schwimmbad

§ 0 b

Es ist nicht gestattet, Tiere mit in das Schwimmbad zu bringen. Gegenstände aus Glas – ausgenommen sind Brillen – dürfen nicht mit in die Umkleide, den Barfußbereich bzw. in die Schwimmhalle mitgenommen werden. Das gewerbsmäßige Fotografieren ist verboten.

§ 1 ____

Für Schäden, die durch Zuwiderhandlungen gegen die Bade- und Benutzungsordnung, gegen die Anweisungen des Personals oder durch unsachgemäße Benutzung der Einrichtung entstanden sind, wird keine Verantwortung übernommen. Schäden, die Besucher erleiden, müssen unverzüglich dem aufsichtführenden Personal gemeldet werden. Schadenersatzansprüche müssen außerdem innerhalb einer Woche schriftlich geltend gemacht werden.

§ 2 ____

Badegäste, die den Bestimmungen der Bade- und Benutzungsordnung zuwiderhandeln und den Weisungen des Bade- und Aufsichtspersonals nicht nachkommen, können durch das Aufsichtspersonal für den betreffenden Tag des Bades verwiesen werden. Nach wiederholten groben Verstößen gegen die Bade- und Benutzungsordnung kann Badegästen auf längere Zeit die Benutzung des Bades verwehrt werden. Eintrittsgelder werden in diesem Fall nicht erstattet.

§ 3 ____

Das Personal hat im Interesse aller Besucher dafür zu sorgen, dass die Bestimmungen der Bade- und Benutzerordnung eingehalten werden. Seinen Anordnungen ist deshalb nachzukommen.
Bei Unfällen ist sofort das Aufsichtspersonal zu benachrichtigen. Das Aufsichtspersonal wird umgehend helfen und die notwendigen Maßnahmen vornehmen.

1 Welche Erklärung passt? Verbinden Sie.

1	aus gesundheitlichen Gründen	a	kein Fleisch essen
2	die menschliche Evolution	b	was man isst und trinkt
3	Grausamkeiten gegenüber Tieren	c	Mitglieder der Familie, Verwandte
4	ein neuer Trend	d	die Tötung von Tieren, um ihr Fleisch zu essen
5	die Ernährungsweise	e	eine neue Mode
6	Folgen für die Umwelt	f	die Entwicklung der Menschen
7	Angehörige	g	um seiner Gesundheit etwas Gutes zu tun
8	dem Fleischkonsum absagen	h	Brutalität gegenüber Tieren
9	das Schlachten von Tieren	i	was die Umwelt beeinflusst

2 a Lesen Sie die Arbeitsanweisung von Aufgabe 4. Zu welchem Thema nehmen die Leute Stellung im Forum? Unterstreichen Sie.

b Was essen Ihrer Meinung nach Veganer, was Vegetarier. Kreuzen Sie an.

	Veganer	Vegetarier
Gemüsesuppe		
Wurst		
Obstsalat		
Honig		
Reispudding		
Fisch		
Käsefondue		
Eier		

c Warum essen einige Menschen kein Fleisch?

3 Lesen Sie in Aufgabe 4 die Aussagen 1–6 und unterstreichen Sie die Schlüsselwörter.

4 **Sie lesen in einem Forum, wie sich junge Leute ernähren.
Auf welche der drei Personen treffen die einzelnen Aussagen zu? Die Personen können mehrmals gewählt werden.**

Tipp

- Behalten Sie beim Lesen der Texte a–c die unterstrichenen Schlüsselwörter in den Aussagen 1–6 im Blick.
- Achtung! Mehr als eine Aussage kann passen.

Beispiel

0 Wer entsagt aus gesundheitlichen Gründen dem Fleischkonsum? **Lösung:** a

1 Wer verbindet die Ernährung mit der menschlichen Evolution?

2 Wer möchte Grausamkeiten gegenüber Tieren verhindern?

3 Wer rechnet mit einem langen gesunden Leben?

4 Für wen ist Vegetarismus ein neuer Trend der Reichen?

5 Wer ernährt sich genauso wie seine Angehörigen?

6 Wer glaubt, dass seine Ernährungsweise positive Folgen für die Umwelt hat?

Fleisch: Es geht auch ohne

a Julia

Ich bin schon immer Vegetarierin, das gehört zur Familientradition. Die vegetarische Ernährung basiert auf rein pflanzlichen Lebensmitteln. Dies bedeutet, dass ich auf Fleisch, Fisch und Produkte daraus bis hin zu Schmalz und Gelatine verzichte. Erlaubt hingegen sind Eier, Milch, Milchprodukte sowie Honig. Ich ernähre mich fleischlos, denn ich will meiner Gesundheit etwas Gutes tun. Pflanzliche Nahrungsmittel enthalten nämlich kein Cholesterin, weniger gesättigte Fettsäuren und keine Purine. Weil ich mich vegetarisch ernähre, fühle ich mich fitter und gesünder. Und über mein Gewicht brauche ich mir keine Gedanken zu machen. Vegetarier haben in der Regel einen überdurchschnittlich guten Gesundheitszustand und weisen keine Mangelerscheinungen auf. Deswegen halte ich Vegetarismus für gesund. Neulich habe ich eine Studie gelesen, deren Ergebnisse zeigten, dass Vegetarier günstigere Blutdruckwerte, ein besseres Körpergewicht, weniger Herz-Kreislauf-Erkrankungen aufweisen und damit eine höhere Lebenserwartung haben. Das ist mir selbstverständlich äußerst wichtig!

b Max

Nachdem ich das Buch „Tiere essen" gelesen habe, esse ich nur noch vegan. Jetzt weiß ich, wie Tiere in gewissen Ländern gehalten werden, und will nicht für das Töten und Schlachten von Tieren mitverantwortlich sein. Auch in Deutschland sind Massentierhaltung und die damit verbundenen Qualen der Standard. Die sogenannte Nutztierhaltung und die damit verbundene Futtermittelproduktion tragen außerdem wesentlich zu Klimawandel und Artensterben bei. Sie belasten Luft, Böden sowie Gewässer und beanspruchen unnötig große Mengen an Energie, Fläche und anderen Ressourcen. Die Umweltbelastung allein durch den Fleischkonsum in Deutschland ist immens. Wer sich vegan ernährt wie ich, nimmt keine Produkte zu sich, die vom Tier stammen: Fleisch, Fisch, Milch, Eier sowie Produkte, die aus oder von Tieren gewonnen werden, wie Honig. Persönlich weise ich auch Kleidung, Kosmetika oder auch Medikamente mit tierischen Bestandteilen zurück. Aus denselben ethischen Gründen lehne ich auch die Züchtung von Tieren und die Haltung von Haustieren ab und meide den Besuch von Zoos.

c Paul

Wer heute auf Fleisch verzichtet, sollte sich wenigstens der Tatsache bewusst sein, dass nur durch Fleischkonsum die Menschwerdung möglich war. Als der nackte Affe den Baum verließ, ernährte er sich noch von Pflanzenkost. Erst die Umstellung auf Fleisch brachte den Menschen auf die Spur der Zivilisation. Nährstoffreiches Fleisch ließ Homo größer und klüger werden. Bessere Waffen vergrößerten den Jagderfolg. Der wiederum verlangte eine bessere Organisation der Verarbeitung der Fleischmengen, Knochen, Felle, was wiederum die soziale Struktur der Jäger veränderte. Und was die Umweltbelastung angeht: Ist es wirklich besser für das ökologische Gleichgewicht der Welt, auf Gulaschsuppe und Hamburger zu verzichten und stattdessen lieber Salat zu essen? Das glaube ich nicht, denn ich halte Vegetarismus und Veganismus für Formen des neuen Luxuskonsums, die die Umwelt belasten und den Menschen in ärmeren Ländern die Lebensgrundlage entziehen.

5 ÜBUNGSTEST Teil 2

1 **Besprechen Sie im Kurs und ergänzen Sie die Mindmap.**

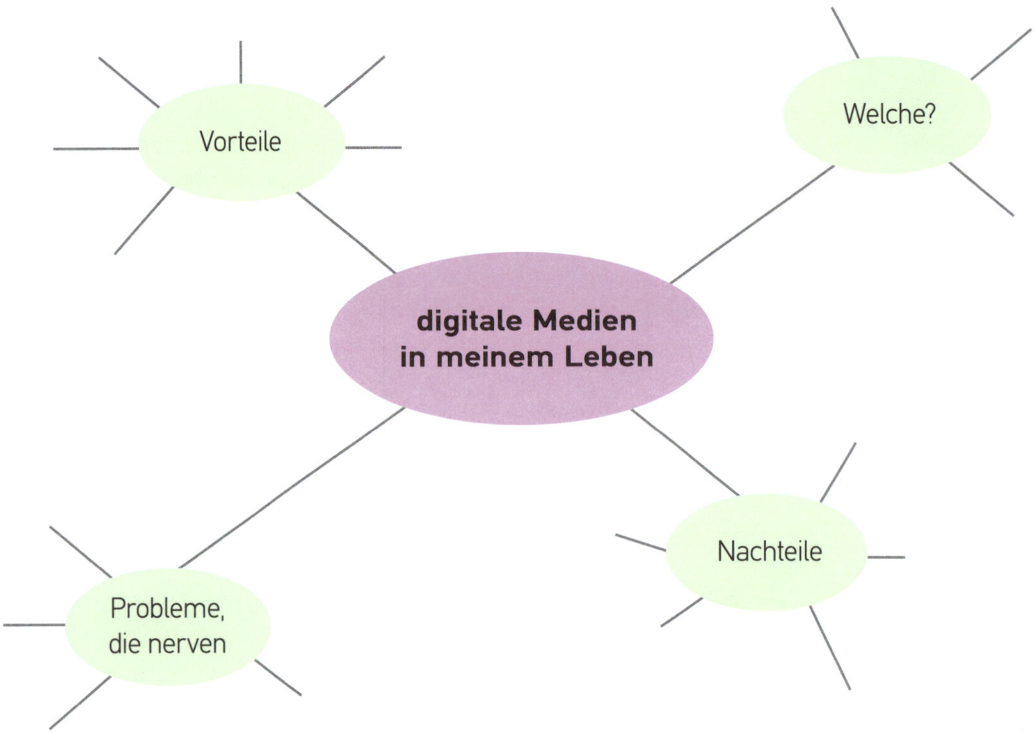

2 **Ergänzen Sie noch folgende Ausdrücke in der Mindmap.**

von Strahlung umgeben sein • immer erreichbar sein • der Akku ist leer • es besteht keine Internetverbindung • nicht am realen Leben teilnehmen • Zugriff auf unzählige Informationen haben • einen vergiftenden Effekt auf den Körper haben

3 **Was bedeutet „Internet-Sucht"? Nennen Sie Beispiele.**

4 Sie lesen in einer Zeitschrift über digitale Medien in unserem Alltag. Welche Sätze passen in die Lücken? Zwei Sätze passen nicht.

Tipp

- Lesen Sie den Text bis zu Lücke 1. Lesen Sie auch noch den Satz nach der Lücke.
- Lesen Sie die Sätze a–h und überlegen Sie, welcher Satz in die Lücke 1 passt.
- Machen Sie mit den anderen Lücken genauso weiter.

Im Hamsterrad

Als Sklaven der modernen digitalen Welt leben wir in einem ewigen Teufelskreis aus unzähligen Informationen. Ständig für jeden erreichbar, sind wir permanent umgeben von Strahlung, elektromagnetischen Feldern und Elektrosmog. **(...0...)** Das Gefühl, immer abrufbar sein zu müssen, die stete Angst etwas zu verpassen oder der Frust, wenn keine Internetverbindung besteht, sind vielen Menschen heutzutage bekannt. **(...1...)** Gesundheitliche Probleme wie Schlaflosigkeit, Konzentrationsmangel, Stress oder sogar Burn-out gehören zu den Folgen.

Raus aus dem digitalen Hamsterrad, rein ins Offline-Leben – zumindest für eine bestimmte Zeit. So lautet das Motto von Digital Detox, der digitalen Fastenkur. **(...2...)** Der Grundgedanke des digitalen Detox ist es, sich von der digitalisierten Welt sowie der permanenten Erreichbarkeit zuweilen eine Auszeit zu nehmen. Kein Computer, kein Tablet, kein Smartphone, im strengsten Fall auch kein Fernseher – so lautet das Rezept. Dabei geht es nicht nur darum, die Geräte als Problem anzusehen. **(...3...)** Indem man sich auf den Alltag besinnt, in dem das reale Leben passiert, indem man wieder auf die eigenen Bedürfnisse achtet und zur Ruhe kommt, wird Stress abgebaut und die Gesundheit von Körper, Geist und Seele wiederhergestellt.

Den Begriff Digital Detox prägten 2012 die Amerikaner Levi Felix und Brooke Dean, als sie spezielle Erholungscamps ins Leben riefen, deren Zielgruppe neue Kräfte tanken und sich auf die soziale Interaktion mit der physischen Welt konzentrieren sollte. **(...4...)** Auch hier werden immer häufiger Vorträge, Seminare, Reisen und Camps angeboten. Ebenfalls mehrt sich die Zahl der Hotels, in denen man entweder ein Zimmer ohne WLAN mieten oder auf den Fernseher verzichten kann. Zur Entspannung werden den Gästen ausgiebige Aufenthalte in der Natur, Massagen, Sport und Yoga, Meditation oder Pilates angeboten. **(...5...)**

Auch im Bereich der Aktiv- und Erlebnisreisen gibt es Anbieter, zu deren Konzept die digitale Abstinenz gehört. **(...6...)** Die Alpenüberquerung oder die Trekkingtour sollen ohne ständiges Klingeln und Vibrieren zu einem nachhaltigen Erlebnis werden. Der positive Effekt auf die Gesundheit steht außer Frage.

Beispiel

0 Mit einem solchen Online-Alltag verbunden sind zahlreiche Begleiterscheinungen.

a Deshalb werden zu Beginn der Reise die Smartphones eingesammelt.

b Was in den USA begann, hat sich inzwischen auch in Europa durchgesetzt.

c Wer seine Nutzung im Alltag reduzieren will, der muss ein größeres Problem angehen.

d Wer so viel Beschäftigung mit sich selbst durchhält, wird belohnt: mit mehr Gelassenheit und innerer Ruhe.

e Außerdem ist interessant, wie schwer es den Leuten fällt, auf die digitale Welt zu verzichten.

f Nicht bewusst ist ihnen jedoch, dass dies einen vergiftenden Effekt auf Körper, Geist und Seele hat.

g Was wie eine neue Trenddiät klingt, hat mit Hungern nichts zu tun.

h Es soll vielmehr der eigene Umgang damit hinterfragt werden.

5 **Lesen Sie noch einmal die Sätze und finden Sie ihren Platz im Text. Markieren Sie im Satz vorher, worauf sich die Relativpronomen *wer* und *was* beziehen.**

(b) **Was** in den USA begann, hat sich inzwischen auch in Europa durchgesetzt.

(d) **Wer** so viel Beschäftigung mit sich selbst durchhält, wird belohnt: mit mehr Gelassenheit und innerer Ruhe.

(g) **Was** wie eine neue Trenddiät klingt, hat mit Hungern nichts zu tun.

Tipp

***Wer* und *was* als Relativpronomen beziehen sich auf Personen, Sachen oder Informationen im vorigen Satz. So ist es möglich, den passenden Satz für eine Lücke zu finden.**

6 **Ergänzen Sie die Relativpronomen *wer* oder *was.***

1 Handy-Besitzer reagieren sofort auf jedes Klingeln des Geräts. ______________ jeden anderen in ihrer Umgebung nervt, ist Musik in ihren Ohren.

2 Digitale Medien regieren unseren Alltag und belasten unsere Gesundheit. ______________ sich körperlich und geistig regenerieren möchte, sollte sich einige Zeit in einem Digital Detox Camp entspannen.

3 Niemand muss ständig erreichbar sein. ______________ sich zu oft dem Handy und dem E-Mail-Postfach widmet, vernichtet Arbeits- und Lebenszeit.

4 Wellnessaufenthalte sind eine passende Gelegenheit, offline zu gehen. ______________ hier angeboten wird – nämlich Aufenthalte in der Natur, Massagen, Sport oder Entspannungstechniken –, macht den Internetempfang überflüssig.

5 ÜBUNGSTEST Teil 3

1 Ordnen Sie die Wörter zu.

der Notarzt • der Sanitätsdienst • das Unfallopfer • der Rettungswagen

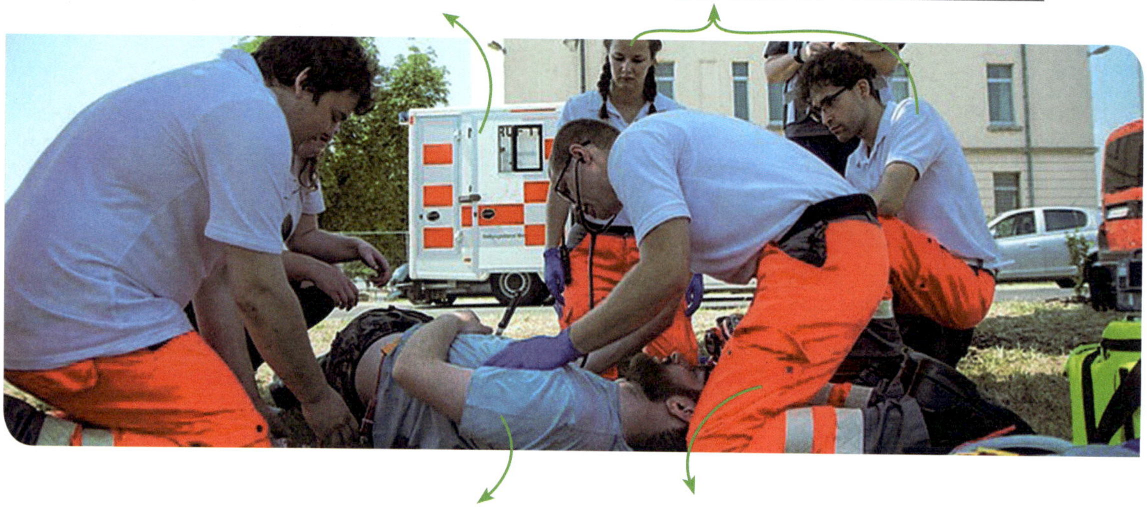

2 Was macht ein Notarzt? Kreuzen Sie an.

a Er leistet Erste Hilfe.

b Er versorgt Wunden.

c Er bildet Schüler aus.

d Er bringt ein Pflaster an.

e Er fördert soziale Kompetenzen.

f Er führt die Mund-zu-Mund-Beatmung durch.

g Er verhütet einen Unfall.

3 Welche Erklärung passt? Verbinden Sie.

1 der Held

2 die Fähigkeit

3 der Sanitätsdienst

a Leute, die Erste Hilfe leisten oder Kranke pflegen

b Mensch, der sein Leben für andere riskiert

c das, was man kann

4 **Ordnen Sie den Sätzen die Bilder zu.**

a

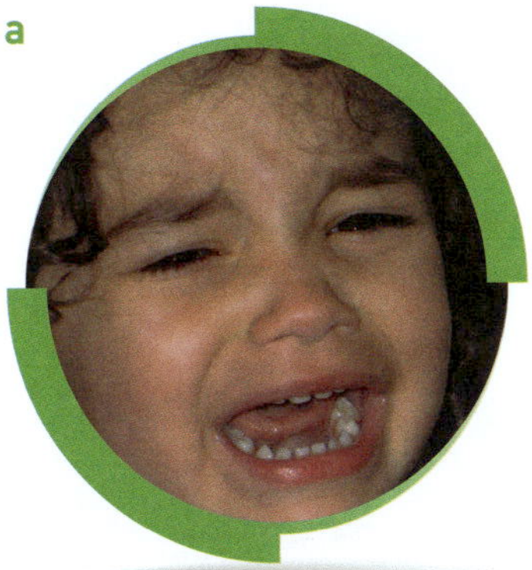

b

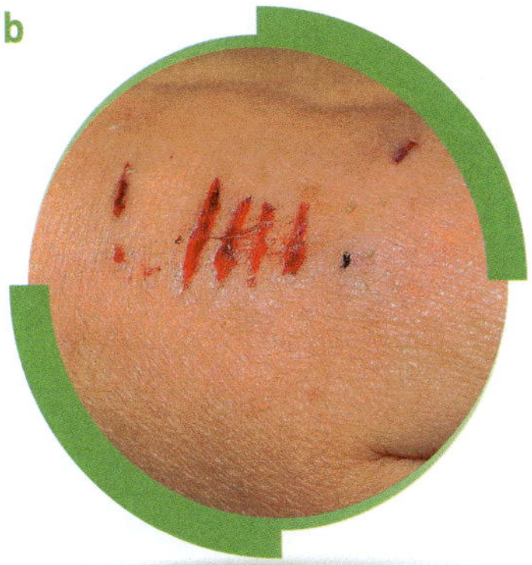

c

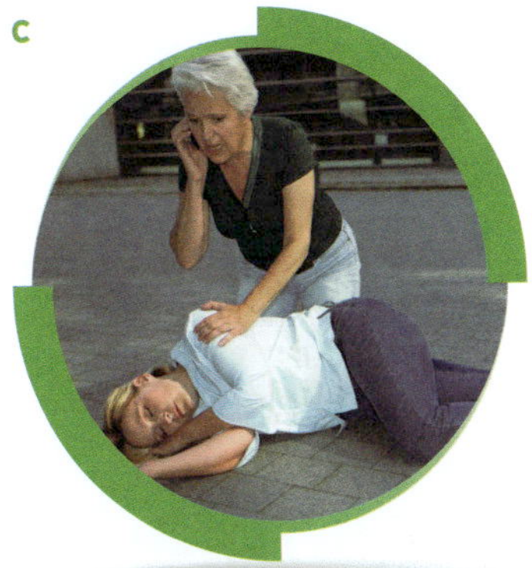

d

e

1 ◯ Ein Arzt muss die Wunde versorgen.

2 ◯ Die Kranke liegt bewusstlos auf dem Boden.

3 ◯ Die BRD zeichnet Deutsche für besonderes ehrenamtliches oder gesellschaftliches Engagement mit dem Bundesverdienstkreuz aus.

4 ◯ Jemand muss das weinende Kind trösten.

5 ◯ Martin Luther King wurde 1964 mit dem Nobelpreis geehrt.

5 **Sie lesen in einer Zeitung einen Artikel über eine Initiative der Johanniter-Unfall-Hilfe. Wählen Sie bei jeder Aufgabe die richtige Lösung.**

Tipp

- Lesen Sie Aufgabe 1.
- Lesen Sie den Text bis zur Stelle, die zu Aufgabe 1 passt. Schreiben Sie die Aufgabennummer 1 neben die Textstelle.
- Lesen Sie die Textstelle noch einmal genau und vergleichen Sie sie mit Aufgabe 1. Kreuzen Sie die richtige Lösung a, b oder c an.
- Machen Sie mit den Aufgaben 2–6 genauso weiter.

Zukunftsretter: Die Helden von Morgen

Die Johanniter machen Kinder zu Lebensrettern

Es war an einem lauen Spätsommerabend. Oma Henriette passte auf ihre Enkel auf, Marc und seinen kleinen Bruder Rudolf. Als sie kurz eine Windel holen ging – Marc war mit seinem Handy beschäftigt –, lief der kleine Rudolf in den Garten. Oma und Marc suchten ihn und fanden ihn regungslos im Swimmingpool treibend. Schnell zogen sie ihn aus dem Wasser, aber Rudolf atmete nicht mehr. Der neunjährige Marc reagierte schnell. Er lief zum Telefon und rief den Notdienst an, so wie er es in der Schule gelernt hatte. Ihm wurde erklärt, was er genau tun muss, bis der Notarzt eintrifft. Schritt für Schritt führte er die Mund-zu-Mund-Beatmung durch, der kleine Rudolf war gerettet.

Für dieses beispielhafte Handeln wurde Marc mit dem Johanniter-Juniorenpreis geehrt. Marc ist ein ausgezeichnetes Beispiel dafür, was die Johanniter mit ihrer Initiative „Zukunftsretter" erreichen können. Die Johanniter, eine evangelische Hilfsorganisation, zählt zu den größten Europas. Zu ihren Aufgaben gehören der Rettungs- und Sanitätsdienst, der Katastrophenschutz, die Erste-Hilfe-Ausbildung und soziale Dienste. International leisten sie Hilfe bei Hunger- und Naturkatastrophen.

Die Johanniter-Unfall-Hilfe bildet Kita-Kinder und SchülerInnen im Alter von 4 bis 18 Jahren als Ersthelfer aus. Im Kindergarten lernen die Kinder mit der Hilfe speziell geschulter Ausbilder spielerisch, wie sie den Notarzt rufen können, wie sie andere Kinder trösten oder kleine Wunden selbst versorgen können. In 4–6 kindgerechten Unterrichtseinheiten von je 45 Minuten erwerben so schon die Kleinsten durch Rollenspiele, Rätselaufgaben und praktische Übungen besondere medizinische und soziale Qualifikationen.

An deutschen Schulen passieren in jedem Jahr mehr als 1,3 Millionen kleine und größere Unfälle. Hier können Schulsanitäter Schülern aktiv und professionell helfen. Der Schulsanitätsdienst (SSD) der Johanniter-Unfall-Hilfe kooperiert mit den Schulen und wendet sich an alle interessierten Schüler und Schülerinnen, die sich zu qualifizierten Ersthelfern ausbilden lassen wollen. Vermittelt werden dabei sowohl allgemeine Themen der Ersten Hilfe, z.B. der Umgang mit einer bewusstlosen Person, als auch die Förderung sozialer Kompetenzen, der Unfallvorbeugung und -verhütung und der Gewaltprävention. Ziel ist es, bei Kindern die Bereitschaft zum Helfen zu fördern, und sie zu motivieren, sich sozial zu engagieren – als Dienst am Nächsten.

Der SSD ist mit 20.000 hauptamtlichen und 34.000 ehrenamtlichen Mitarbeitern im gesamten Bundesgebiet vertreten. Engagierte Spender – Unternehmen, Stiftungen und private Förderer – machen es möglich, dass Kinder und Jugendliche zu Lebensrettern gemacht werden, neue Schulsanitätsdienste gestartet und Kindergartenkurse durchgeführt werden.

Aber nicht nur in Kindergarten und Schule, auch in der Freizeit – ob im Zeltlager, bei einem Konzert oder einfach beim Einkaufsbummel – erkennen und versorgen Schulsanitäter Verletzungen und können bei Bedarf ihre Fähigkeiten einsetzen. Sie treffen Entscheidungen: Pflaster oder Verband, Ruheraum oder Rettungswagen.

Beispiel

0 Der neunjährige Marc ...

a wendete sich an den Notarzt in der Schule.

b rief den Notarzt vom Handy aus an.

☒ folgte den Anweisungen des Notdienstes.

1 Was erfahren wir über Marc?

a Er gehört den Johannitern an.

b Er wurde von den Johannitern mit einem Preis ausgezeichnet.

c Er gilt den Johannitern als Beispiel.

2 Im Kindergarten ...

a zeigen Spezialisten den Kleinen, was sie in einem Notfall tun können.

b haben die Kleinen jeden Tag vier bis sechs Stunden Unterricht.

c lösen die Kleinen 45 Minuten Rätsel.

3 Wer kann bei der Johanniter-Unfall-Hilfe mitmachen?

a Jeder, der Erste Hilfe leisten kann.

b Jeder, der sozial kompetent ist.

c Jeder, der sich dafür interessiert.

4 Was steht für Schulsanitäter im Mittelpunkt?

a Dass sie Erste Hilfe leisten können.

b Dass sie sozialisiert werden.

c Dass sie Mitmenschen motivieren.

5 Wodurch wird der SSD finanziert?

a Durch seine Mitarbeiter.

b Durch die Bundesrepublik.

c Durch gespendete Gelder.

6 Worüber müssen Schulsanitäter entscheiden?

a Wozu sie helfen sollen.

b Ob ihre Fähigkeiten ausreichen.

c Welche Hilfsmaßnahme die geeignetste ist.

5 ÜBUNGSTEST Teil 4

1 Ordnen Sie den Fotos die Titel zu.

Fernreisen mit dem Flugzeug • unberührte Landstriche • Backpacker • Luxus-Resort • Reisen in Gebiete, in denen vom Aussterben bedrohte Tiere leben

1 ______________ 2 ______________ 3 ______________

4 ______________ 5 ______________

2 Ordnen Sie den Ausdrücken ihre Erklärungen zu.

1 der sanfte/nachhaltige Tourismus
2 einzigartig
3 die unberührte Landschaft
4 der umweltbewusste Mensch
5 überdurchschnittliche Intelligenz besitzen
6 vielfältige Alternativen

a jemand, der z.B. Stoffbeutel anstatt Plastiktüten verwendet
b intelligenter sein als die meisten Menschen
c viele verschiedene Möglichkeiten
d eine Art zu reisen, bei der man das Ökosystem nicht schädigt
e etwas ganz Besonderes; das gibt es nur einmal
f die Gegend, die nicht von Menschen verändert wurde

3 **Sie lesen in einer Zeitschrift Meinungsäußerungen zu Ökotourismus. Welche Äußerung passt zu welcher Überschrift? Eine Äußerung passt nicht. Die Äußerung a ist das Beispiel und kann nicht noch einmal verwendet werden.**

Tipp

- Lesen Sie die Überschriften 1–6.
- Lesen Sie Text b und vergleichen Sie ihn mit den Überschriften. Ordnen Sie ihn der Überschrift zu, die passt. Achtung! Zu einem Text gibt es keine passende Überschrift.
- Machen Sie mit den Texten c–h genauso weiter.

Beispiel

0 Die Reisebranche entdeckt einen alten Trend neu **Lösung:** a

1 Ökotourismus hat eine vielfältige Klientel

2 Viel Doppelmoral ist im Spiel

3 Sanfter Tourismus schützt Fauna

4 Der Irrtum der Reisenden

5 Das Reisen als Wirtschaftsfaktor für das Zielland

6 Neue Erfahrungen nicht auf Kosten der Umgebung

Ökotourismus

a Historisch betrachtet existiert die Idee des Ökotourismus bereits seit den 1960er-Jahren, als der Begriff in den USA geprägt wurde. Sie scheint aber ein gutes Marketinginstrument zu sein, um äußerst kapitalistische Individualisten mit weit überdurchschnittlichem Gehalt und junge Bessermenschen anzuziehen. Das Konzept hat sich immerhin bereits Jahrzehnte am Markt behauptet und erlebt jetzt einen neuen Aufschwung.

Vanessa, Apolda

b Tourismus und besonders Fernreisen mit dem Flugzeug kollidieren bei genauerem Nachdenken mit Ökologie. Viele umweltbewusste und ökologisch bewegte Leute, die zwar zu Hause meist mit dem Fahrrad fahren, Solar auf dem Dach haben, Carsharing machen und Zug fahren, Bio kaufen und essen, sammeln gleichzeitig Flugmeilen an.

Katharina, Oppenheim

c

Weil die Urlauber einzigartige Erlebnisse suchen, werden bisher unberührte Landstriche mit Ökoherbergen bepflastert. Es hätte viel mehr Sinn, in der bestehenden Betonburg im Nachbarort zu nächtigen, um von dort aus die Wanderung in die noch unberührte Natur zu unternehmen, statt ein neues Ökoresort in die unberührte Landschaft zu stellen.

Florian, Bamberg

d

Die sogenannten Bioreisen gehen meist in wenig erschlossene und sehr arme Gebiete der Welt. Das bringt benötigtes Geld ins Land. So werden Arbeitsplätze geschaffen und der Bevölkerung Perspektiven gegeben. Wenn es dann auch noch nachhaltiger Tourismus ist, umso besser.

Philipp, Zwickau

e

Ein Ökotourist ist nicht automatisch ein Ausländer in ärmeren Ländern, der in Khakihosen herumläuft, nachts an einem Lagerfeuer sitzt und tagsüber allzeit bereit mit einem Fernglas im Busch wartet. Zum Ökotourismus gehören Angebote für einheimische Touristen in Schwellenländern genauso wie Backpacker-Unterkünfte und Luxus-Resorts.

Kevin, Wittmund

f

Am besten für die Natur wäre es, wenn wir alle das Reisen unterlassen würden. Eine Option in Zeiten von Kulturaustausch und Globalisierung ist das jedoch nicht. Fremde Länder und Kulturen kennenzulernen, ist zwar kein Grundrecht, aber definitiv ein Bildungsgut.

Daniela, Düren

g

Ökologisch sinnvoll konzipierte Reisen leisten sicherlich einen kleinen, aber feinen Beitrag zum Umweltschutz. Vor allem bei Reisen in Gebiete, in denen vom Aussterben bedrohte Tiere leben, zeigt ein solches indirektes Engagement durchaus Wirkung.

Christian, Blaubeuren

h

Der Ökotourist idealisiert manchmal seine Erfahrungen. Die Natürlichkeit, die eher vom Fehlen einer funktionierenden Infrastruktur herrührt als vom Bestreben der Einheimischen, ohne Strom und fließend Wasser zu leben, wird als authentisch angesehen – eine scheinbare Idylle, durch die die eigentliche Armut legitimiert wird.

Anne, Essen

1 **Schauen Sie sich die Fotos an. Wo befinden sich die Personen? Kreuzen Sie an.**

a ◯ in einem Büro b ◯ in einer Bibliothek c ◯ in einem Lehrerzimmer

1 ____________________

____

2 ____________________

____

3 ____________________

____

2 **Ordnen Sie den Fotos in 1 die Ausdrücke zu.**

ein Buch aus dem Regal entnehmen • entliehene Bücher zurückgeben • in der Bibliothek arbeiten

3 Welcher zentrale Ausdruck passt in die Wortigel? Ergänzen Sie.

Ausleihverfahren • Rückgabe • Allgemeine Benutzungspflichten • Ausschluss von der Benutzung

1

per Post senden
die Frist ist abgelaufen
eingeschrieben schicken
____
Bücher zurückschicken
Bücher zurückgeben

2

Bücher stehlen
zum Personal unhöflich sein
____
sich nicht an die Regelungen halten
Bücher nicht rechtzeitig zurückgeben

3

den Ausweis vorlegen
sich die Bücher selbst aussuchen
____
sich Bücher ausleihen

4

für Schäden haften
gesetzliche Regelungen beachten
____
Bibliotheksgut sorgfältig behandeln
das Urheberrecht beachten

4 **Sie studieren in Deutschland und lesen die Benutzungsordnung für die Universitätsbibliothek. Welche der Überschriften aus dem Inhaltsverzeichnis passen zu den Paragrafen? Vier Überschriften werden nicht gebraucht.**

Tipp

- Lesen Sie § 1 und die Überschriften a–h. Ordnen Sie die passende Überschrift zu. Achtung! Die Beispielüberschrift f können Sie nicht mehr verwenden.
- Machen Sie mit § 2 und § 3 genauso weiter.

Beispiel

0 Lösung: f

Benutzungsordnung für die Universitätsbibliothek der Freien Universität Berlin

Inhaltsverzeichnis

- a Ausleihverfahren
- b Verlängerung der Leihfristen
- c Rückgabe
- d Allgemeine Benutzungspflichten
- e Ausschluss von der Benutzung
- ~~f~~ Öffnungszeiten
- g Benutzungsberechtigung
- h Benutzungsausweise

§ 0 f

Die Öffnungszeiten werden von der Universitätsbibliothek durch Veröffentlichung auf der Webseite der Universitätsbibliothek bekannt gegeben. Die Nutzung elektronischer Ressourcen im FU-Campusnetz ist ohne zeitliche Beschränkungen möglich.

§ 1 ◯

Benutzerinnen und Benutzer, die wiederholt die Leihfristen überschreiten, die Rückgabe entliehener Medien trotz Mahnung verweigern oder fällige Gebühren nicht bezahlen, können zeitweise oder auf Dauer von der Ausleihe ausgeschlossen werden. Bei Verstößen gegen die Benutzungsordnung können die Benutzerinnen und Benutzer, insbesondere wenn sie Bibliotheksgut widerrechtlich aus der Universitätsbibliothek entfernen, die Arbeit anderer stören oder das Personal beleidigen, zeitweise oder auf Dauer von der Benutzung der Universitätsbibliothek ausgeschlossen werden.

§ 2 ◯

Die in den offenen Magazinen und in der Lehrbuchsammlung aufgestellten Medien werden von den Benutzerinnen und Benutzern selbst aus den Regalen entnommen und zur Ausleihverbuchung gebracht. Bei der Ausleihe ist der gültige Benutzungsausweis vorzulegen. Zur Überprüfung kann zusätzlich auch die Vorlage des Personalausweises oder Passes verlangt werden.

§ 3 ◯

Spätestens mit Ablauf der Leihfrist haben die Benutzerinnen und Benutzer die entliehenen Medien unaufgefordert zurückzugeben oder die Leihfrist zu verlängern. Werden entliehene Medien auf dem Postweg oder durch Paketdienste zurückgegeben, so ist die Sendung, der die Anschrift der Absenderin bzw. des Absenders und eine Auflistung beigefügter Medieneinheiten beizulegen sind, eingeschrieben zu übersenden und ausreichend zu versichern.

MODELLTEST 1

1 MODELLTEST Teil 1

Arbeitszeit: ca. 18 Minuten

In Teil 1 lesen Sie vier Forumstexte (a–d). Dazu gibt es neun Aussagen bzw. Fragen (1–9). Sie sollen jede Aussage einem Text zuordnen. Das bedeutet, dass zu einem Forumstext auch mehrere Aussagen passen können. Es bleibt keine Aussage übrig.

Tipp

1. Lesen Sie die Überschrift über den Forumstexten, dann kennen Sie das Thema.
2. Lesen Sie die Aussagen 1–9 und unterstreichen Sie Schlüsselwörter. Um welchen Themenaspekt geht es?
3. Lesen Sie Text a und behalten Sie dabei die Schlüsselwörter in 1–9 im Blick. Lesen Sie dann die Aussagen, die vielleicht passen, und Text a noch einmal genau. Ordnen Sie die Aussagen zu, die passen. Achtung! Mehr als eine Aussage kann passen.
4. Machen Sie mit den Texten b–d genauso weiter.

Sie lesen in einem Forum, was junge Leute zum Alkoholkonsum meinen. Auf welche der vier Personen treffen die einzelnen Aussagen zu? Die Personen können mehrmals gewählt werden.

Beispiel

0 Wer ist davon überzeugt, dass Teenager durch Reklame manipuliert werden? **Lösung:** a

1 Wer erkennt einen Zusammenhang zwischen Alltagsproblemen und Alkoholkonsum?

2 Wer sieht, dass der Alkoholkonsum bei Jugendlichen zurückgeht?

3 Wer meint, dass der Alkoholkonsum zur Sucht werden kann?

4 Wer glaubt, dass Jugendlichen nicht genug Regeln gesetzt werden?

5 Wer trinkt keinen Alkohol?

6 Wer meint, dass junge Leute lieber in guter Form sind als betrunken?

7 Wer glaubt, dass Eltern den maßlosen Alkoholkonsum nicht als Problem sehen?

8 Wer trinkt gern mal ein wenig in guter Gesellschaft?

9 Wer ist der Ansicht, dass junge Erwachsene einen Ersatz für Alkohol finden?

Generation Alkohol

a Noah

Meine Generation hat viele Namen: Generation doof, Generation sorglos, Generation Internet. Doch in Wahrheit ist diese Generation vor allem eins: die Generation Alkohol. Für viele Jugendliche gehört es zu einem gelungenen Wochenende dazu, sich hemmungslos zu betrinken. Wenn ich zu einer Feier gehe, dann werde ich gefragt: „Bock zu saufen?" Da ich verneine, bin ich ein Spießer, ein Außenseiter, der nicht cool ist. Unter den meisten Jugendlichen gilt derjenige als Sonderfall, der sich noch nie wegen zu starken Alkoholkonsums übergeben musste – oder sogar mit einer Alkoholvergiftung im Krankenhaus lag. Die Werbung ignoriert selbstverständlich diesen negativen Aspekt und bewirbt ganz gezielt viele ihrer Produkte mit feiernden und top aussehenden Menschen in Partystimmung, was insbesondere die jüngere Generation anspricht. So werden aber junge Leute irregeführt!

b Michaela

Die traurige Wahrheit ist, dass sich in Deutschland in den vergangenen zwanzig Jahren die Zahl der Jugendlichen, die wegen Alkoholmissbrauchs in eine Klinik eingewiesen wurden, verdoppelt hat. Das liegt nicht daran, dass es heute mehr Alkohol gibt als früher. Unsere Gesellschaft hat sich verändert. Zu viele Eltern zeigen ihren Kindern zu wenige Grenzen auf. Viel zu leicht gelangen Jugendliche trotz verschärfter Gesetze immer noch an harten Alkohol. Warum greifen Jugendliche so gern zur Flasche? Weil sie dazugehören, sich vom Elternhaus lösen und die täglichen Stresssituationen für kurze Zeit vergessen wollen. Sie sollen so schnell wie möglich ihr Abitur machen, dann direkt studieren und zwischendurch am besten noch zahlreiche Praktika absolvieren. Viele sind diesem Druck nicht gewachsen. Auch deswegen trinken sie. Alkohol als Treibstoff des Spaßes, als Kompensationsmittel, als Betäubung. Und was sagen die Eltern? „So ist die Jugend nun einmal."

c Jessica

Es geht nicht darum, Alkohol als solchen zu verteufeln, wie unsere Eltern vielleicht tun würden. Gegen ein Glas Weißwein zum Abendessen bei einer guten Unterhaltung habe ich nichts. Gegen Besaufen bis zur Besinnungslosigkeit allerdings schon. Ich war 17 oder 18, als ich zum ersten Mal Alkohol trank. In meinem Freundeskreis waren alle ein, zwei Jahre älter als ich. Wenn meine Freunde sich abends trafen, tranken sie ab und zu mal etwas. Gezwungen, mitzumachen, fühlte ich mich nie. Aber natürlich bekam ich mit, was manche Altersgenossen so trieben. Oft galt da die Devise: je besoffener, desto lustiger, desto legendärer. Wenn man allerdings regelmäßig zu Bier, Wein oder Sekt greift, besteht die Gefahr, dass man mit der Zeit mehr und mehr trinkt. Wenn die gleiche Wirkung erst bei einer höheren Dosis eintritt, trinken viele Menschen automatisch mehr Alkohol, was zur Abhängigkeit führen kann.

d Sebastian

Meiner Ansicht nach verliert Komasaufen immer mehr seinen Reiz. Der Jugend vergeht in den letzten Jahren die Lust auf Bier, Wein und Schnaps. Der Grund dafür ist ein gesellschaftlicher Wandel. Alkohol macht müde und fett; beides finden junge Leute heute uninteressant. Aktiv sein, lange aufbleiben können, fit sein – und das auch ausstrahlen – all das wird bei jungen Leuten immer wichtiger, finde ich. Ich sehe den Rückgang als Teil eines Mentalitätswandels: Der Faulenzer hat ausgedient. Disziplin, Leistungs- und Durchsetzungsfähigkeit rücken in den Fokus. Die Jugend verzichtet auf körperschädigende Substanzen und setzt stattdessen auf Gesundheits- und Sporttrends. Das Exzess-Trinken ist eher eine vorübergehende Phase der Unvernunft. Diese endet meist, wenn die Jugendlichen anfangen zu arbeiten. Viele verwöhnen sich dann nicht mehr täglich mit Alkohol, sondern mit einer heißen Tasse Kaffee oder Tee, der garantiert stimmungsaufhellend wirkt.

1 MODELLTEST Teil 2

Arbeitszeit: ca. 12 Minuten

In Teil 2 lesen Sie einen Artikel. Der Artikel hat sechs Lücken (10–15). In jeder Lücke fehlt ein Satz. Dazu gibt es acht Sätze (a–h). Sie sollen den Lücken den passenden Satz zuordnen. Zwei Sätze bleiben übrig.

Tipp

1. Lesen Sie den Text bis zu Lücke 10. Lesen Sie auch noch den Satz nach der Lücke.
2. Lesen Sie die Sätze a–h und überlegen Sie, welcher Satz in die Lücke 10 passt. Ordnen Sie die Lücke dem Satz zu.
3. Machen Sie mit den Lücken 11–15 genauso weiter.

Sie lesen in einer Zeitschrift über die SOS-Kinderdörfer.
Welche Sätze passen in die Lücken? Zwei Sätze passen nicht.

Die Entstehung der SOS-Kinderdörfer

Nur ein geliebtes Kind kann ein liebender Erwachsener werden. So lautete der Grundsatz von Hermann Gmeiner, der 1949 den Verein SOS-Kinderdörfer in Imst, Tirol, gründete.

Geboren 1919 in Österreich und aus einer kinderreichen Bauernfamilie stammend, verlor Gmeiner früh seine Mutter und wurde von der ältesten Schwester aufgezogen. **(...0...)** Jedoch musste er in seinen jungen Jahren zunächst die Schrecken des Zweiten Weltkriegs als Soldat in Russland erleben, bevor er in Innsbruck Medizin studieren konnte, mit dem Ziel, Kinderarzt zu werden. Parallel engagierte er sich als Jugendbetreuer, was ihn die Not und Verlassenheit der vielen Kriegswaisen und die Missstände in den überfüllten Heimen der Nachkriegszeit aus nächster Nähe erleben ließ. Diese Erfahrung gründete in ihm den Glauben, dass das einzige Mittel gegen Inhumanität das Mitgefühl und die Mitverantwortung für den anderen sein kann. **(...10...)** Von nun an widmete er sein Leben seiner Vision: ein Zuhause für Kinder in Not zu schaffen, wo sie wie in einer Familie aufwachsen.

In einer SOS-Kinderdorffamilie finden elternlose und allein gelassene Kinder den geschützten Raum für eine kindgerechte Entwicklung. **(...11...)** Sie fördert die Kinder und schenkt ihnen Geborgenheit und Zuwendung. So lernen sie Toleranz, Respekt und Solidarität.

Auf ganz spezielle Weise nimmt sich die SOS-Jugendhilfe der Kinder an, die in ihren ersten Jahren seelische oder körperliche Verletzungen oder Vernachlässigung erlebt haben. **(...12...)** Kontaktschwierigkeiten und mangelnde Empathiefähigkeit sind die Probleme dieser Zielgruppe. Hier kann die tiergestützte Pädagogik einen wertvollen Beitrag leisten. Hunde und Pferde im Besonderen werden zu Türöffnern im Kontakt mit den

Kindern und Jugendlichen und finden oftmals leichter Zugang zu ihnen. **(...13...)** Denn Tieren schenken die Kinder in anderer Weise Vertrauen als Menschen. Sie können ihnen zuflüstern, was sie sonst niemandem sagen würden. Die Tiere bewerten ihr Gegenüber nicht. **(...14...)** Allerdings reagieren die Tiere sehr sensibel auf das Verhalten der Kinder. Und das ist gut so. So lernen die jungen Menschen nämlich unmittelbar, was ihre Handlungen bei anderen auslösen.

Die intensive, aber behutsame Arbeit mit den Tieren stärkt das Selbstbewusstsein der Kinder und Jugendlichen. **(...15...)** Gruppengefühl und Hilfsbereitschaft werden aktiviert, Konzentrations- und Reaktionsvermögen werden gesteigert.

Beispiel

0 Aufgrund eines Stipendiums konnte der begabte Junge ein Gymnasium besuchen.

- **a** Es ist ihnen auch egal, wie die Kinder und Jugendlichen aussehen.
- **b** Aber die Tiere setzen durch eindeutige Signale klare Grenzen.
- **c** Auch werden ihr Körpergefühl und ihre Wahrnehmung geschult.
- **d** So macht die Tier-Kind-Beziehung eine Therapie oft erst möglich.
- **e** Diese missbrauchten jungen Menschen haben nur wenig Vertrauen in sich.
- **f** Aus diesem Grund brach er sein Studium ab.
- **g** Trotzdem hat Gmeiner den Alptraum des Zweiten Weltkriegs überlebt.
- **h** Eine Kinderdorfmutter bildet den Kern der Familie.

1 MODELLTEST Teil 3

Arbeitszeit: ca. 12 Minuten

In Teil 3 lesen Sie einen Artikel. Dazu gibt es sechs Multiple-Choice-Aufgaben (16–21). Sie sollen entscheiden, ob a, b oder c richtig ist.

Tipp

1. Lesen Sie Aufgabe 16.
2. Lesen Sie den Text bis zur Stelle, die zu Aufgabe 16 passt. Schreiben Sie die Aufgabennummer 16 neben den Text.
3. Lesen Sie die Textstelle noch einmal genau und vergleichen Sie sie mit Aufgabe 16. Kreuzen Sie a, b oder c an.
4. Machen Sie mit den Aufgaben 17–21 genauso weiter.

Sie lesen in einer Zeitschrift einen Artikel über eine pädagogische Maßnahme. Wählen Sie bei jeder Aufgabe die richtige Lösung.

Leben heißt Lernen

Da in der Gesellschaft von heute Schlüsselqualifikationen wie soziale Kompetenz und Wagnisbereitschaft sowie eine ausgeprägte Persönlichkeit eine zunehmende Rolle spielen, sind Erziehungs- und Bildungskonzepte gefragt, die diese Fähigkeiten fördern und zur Entwicklung des jungen Menschen beitragen. Dazu kann die Erlebnispädagogik herangezogen werden. Sie stützt sich darauf, dass junge Menschen durch Erfahrungen in der Natur lernen.

Als Begründer des erlebnispädagogischen Gedankens gilt Jean-Jacques Rousseau. Er war der Meinung, dass eine Erziehung dann zum freien Menschen führt, wenn dieser natürliche Strafen erlebt. Und darunter sind die negativen Folgen unpassender Handlungen zu verstehen.

An diesem Prinzip orientiert sich KEEP, eine deutsche Einrichtung der Kinder- und Jugendhilfe. Die „Konsequente erlebnis- und erfahrungsorientierte Pädagogik“ richtet sich an junge Menschen ab 12 Jahren. Wer immer wieder in Konflikt mit seiner Umgebung gerät, ein problematisches Verhalten zeigt und über eine geringe Frustrationstoleranz verfügt, dem kann hier vielleicht geholfen werden.

Bei dieser Methode steht die Person im Mittelpunkt, die durch Erlebnisse in der Natur mit sich selbst konfrontiert wird und sich auf diese Weise ihrer Schwächen und Stärken bewusst wird. Die Heranwachsenden erleben sich als aktiv Handelnde, die für ihre Entscheidungen verantwortlich sind. In diesem Prozess gewinnen sie Selbstvertrauen und Selbstsicherheit. Weitere Ziele sind, dass sie soziale Fähigkeiten entwickeln, befähigt werden, ein eigenständiges Leben zu führen und ihre eigenen Interessen und Fähigkeiten entdecken.

Die Betreuung beginnt mit einem Clearing, einer dreimonatigen Diagnostikphase. Während dieser Zeit lernen die Betreuer die Jugendlichen und ihre Lebenswelten kennen. Am Anfang steht eine Wanderung, an die eine Fahrradtour anschließt. Dabei übernachten der Betreuer und der Jugendliche in einem Zelt. Man kann aber auch einen Bauern fragen, ob man bei ihm in der Scheune übernachten kann. Als aktiv Handelnder entscheidet der Jugendliche selbst, wie viele Kilometer er zurücklegen will und wo er schlafen möchte. Der Betreuer ist da, um die Jugendlichen zu unterstützen, nicht jedoch, um ihm Entscheidungen abzunehmen.

Nach ca. 4–6 Wochen beziehen der Jugendliche und sein Betreuer entweder einen Wohnwagen auf einem Campingplatz, eine Hütte im Wald oder eine kleine Wohnung. Nun nimmt der Jugendliche an verschiedenen Arbeitsprojekten teil, denn das Lernen in echten Situationen ist von besonderer Bedeutung. In den arbeitspädagogischen Projekten stehen vor allem handwerkliche, hauswirtschaftliche und landwirtschaftliche Betätigungen im Vordergrund.

KEEP arbeitet mit Methoden der Verhaltensbeobachtung. Deshalb werden während der Diagnostikphase des Clearings Tagebücher geführt, und zwar sowohl von dem Betreuer, der das Verhalten des Jugendlichen genau beobachtet und dokumentiert als auch von dem Jugendlichen selbst zur reflexiven Selbstbeobachtung. So kann er seine Erlebnisse bewusst wahrnehmen und sich über sein Verhalten Gedanken machen.

Befragt danach, was ihm das Clearing gebracht hat, sagt der 13-jährige Oliver, dass es richtig cool war, immer draußen zu sein an der frischen Luft. Natürlich sei das Heimweh hart gewesen und oft auch das stundenlange Wandern. Aber er habe dabei gelernt, sich besser unter Kontrolle zu halten und das werde ihm helfen, nicht mehr so oft auszurasten.

Beispiel

0 Die Erlebnispädagogik trägt dazu bei, dass ...
- ~~a~~ junge Menschen ihre Persönlichkeit entwickeln.
- b Schlüsselqualifikationen immer mehr zählen.
- c Erziehungskonzepte an Bedeutung gewinnen.

16 Wer nach Rousseau nicht richtig handelt, ...
- a muss die logischen Konsequenzen tragen.
- b muss bestraft werden.
- c kann sich nicht frei entwickeln.

17 Wem versucht KEEP zu helfen?
- a Jugendlichen, die nicht tolerant sind.
- b Jugendlichen, die noch nichts erreicht haben.
- c Jugendlichen, die sich nicht an ihr Umfeld anpassen können.

18 Was sollen die Jugendlichen durch diese Methode lernen?
- a Wie man in der Natur lebt.
- b Wie man das Interesse auf sich ziehen kann.
- c Wie man seine Persönlichkeit entwickeln kann.

19 Was ist die Aufgabe des Betreuers während des Clearings?
- a Dem jungen Menschen zur Seite zu stehen.
- b Eine passende Übernachtungsmöglichkeit zu finden.
- c Die richtigen Entscheidungen zu treffen.

20 Wozu dienen die Arbeitsprojekte?
- a Dazu, handwerkliche Fähigkeiten zu erwerben.
- b Dazu, durch reale Situationen zu lernen.
- c Dazu, die Landwirtschaft kennenzulernen.

21 Was schreiben die Jugendlichen in ihr Tagebuch?
- a Welche Diagnose gestellt wurde.
- b Wie sich der Betreuer verhalten hat.
- c Wie sie etwas erlebt haben.

1 MODELLTEST Teil 4

Arbeitszeit: ca. 12 Minuten

In Teil 4 lesen Sie sieben Meinungsäußerungen (b–h) zu einem Thema. Dazu gibt es sechs Überschriften (22–27). Sie sollen jeder Überschrift eine der Meinungsäußerungen zuordnen. Eine Meinungsäußerung bleibt übrig.

Tipp

1. Text a ist das Beispiel. Streichen Sie ihn durch und lesen Sie ihn nicht, um Zeit zu sparen.
2. Lesen Sie die Überschrift über den Meinungsäußerungen, dann kennen Sie das Thema.
3. Lesen Sie die Überschriften 22–27.
4. Lesen Sie Text b und vergleichen Sie ihn mit den Überschriften. Ordnen Sie ihn der Überschrift zu, die passt. Achtung! Zu einem Text gibt es keine passende Überschrift.
5. Machen Sie mit den Texten c–h genauso weiter.

Sie lesen in einer Zeitschrift Meinungsäußerungen zum Thema Handys in der Schule. Welche Äußerung passt zu welcher Überschrift? Eine Äußerung passt nicht. Die Äußerung a ist das Beispiel und kann nicht noch einmal verwendet werden.

Beispiel

0 Schwierigkeiten mit dem Handy-Verbot im Schulalltag **Lösung:** a

22 Den Unterricht unter Verwendung von Handys durchführen

23 Man sollte moderne Technik nicht verteufeln

24 Partielles Handyverbot kann gut funktionieren

25 Die Eltern schließen sich dem Handyverbot nicht an

26 Die Funksignale von Handys blockieren

27 Man sollte Handys zu Beginn der Schulstunde abgeben

Handys in der Schule

a) Dauernd starren die Schüler auf das Smartphone: Wie sollen sie sich da auf das Wesentliche konzentrieren – nämlich das Lernen? Als Lehrer ist man jeden Tag aufs Neue dazu verdammt, den Handygebrauch zu verbieten, und weiß doch, dass es nicht funktionieren kann. Jedenfalls nicht mithilfe schulinterner Regelungen.

Fynn, Annaburg

b

Die ständige Handybenutzung ist bereits zu einer Sucht geworden! Warum baut man an Schulen nicht einfach Störsender ein? Die gibt es schon in Praxen und Läden. Sogar in einigen bekannten Restaurants ist es üblich, dass vor Ort Störsender laufen, die einen Empfang verhindern.

Nils, Mendig

c

Die Erwachsenen erfinden Geräte, machen sie für Kinder und Jugendliche extrem attraktiv und wollen dann verbieten, dass die Schüler diese nutzen? Dass man sich gegen alles stemmt, was neu und modern ist, ist doch primitiv. Vielleicht sollte man den Kindern mehr Medienkompetenz beibringen. Das wäre mal was.

Melina, Forchtenberg

d

Die Funktion „beim Fahren nicht stören“ ist doch schon eingeführt worden, um zu verhindern, dass man beim Autofahren eine Nachricht oder einen Anruf erhält. Sicher wäre es möglich eine ähnliche Funktion zu entwickeln, die an einem bestimmten Ort, in unserem Fall in der Schule, den Gebrauch der Handys verhindert.

Viktoria, Triptis

e

Eine Gemeinschaft hat Regeln. Wenn die Schüler sich nicht an die Regeln halten, dann macht jeder was er will. Ein Lehrer sollte daher das Recht haben, vor Unterrichtsbeginn alle Handys einsammeln zu lassen, wenn sie als Lernunterstützung nicht gebraucht werden.

Adam, Cuxhaven

f

Lasst die Jugendlichen halt an den Geräten etwas für den Unterricht recherchieren. Baut es im Kunstunterricht ein. Schaut, was man in Sport und Musik damit machen kann. Frontalunterricht ist ineffektiv, weil es sehr ermüdend sein kann, wenn man selber nichts macht.

Paulina, Remscheid

g

Also bei meinem Sohn in der Gesamtschule gab es eine Abstimmung unter Lehrern, Schülern und Eltern: Die Schule hat nun zwei Handyzonen, in denen das Handy in den Pausen genutzt werden darf. Ansonsten hat das Handy aus zu sein, außer der Lehrer erlaubt es für Recherchen. Das läuft prima.

Fiona, Romrod

h

Das Argument vieler Eltern ist, dass sie jederzeit für ihr Kind erreichbar sein sollen. Auf Konferenzen und Elternabenden zeigen sie zwar Verständnis für Begrenzungen, aber es solle sich niemand anmaßen, Geräte von anerkannter Hightechqualität, die man sich auch einiges habe kosten lassen, aus dem Schulleben auszuschließen.

Sam, Schwanebeck

Arbeitszeit: ca. 6 Minuten

In Teil 5 lesen Sie drei Paragrafen (§ 28–§ 30) einer Studienordnung, Hausordnung oder eines ähnlichen Textes. Dazu gibt es ein Inhaltsverzeichnis mit acht Überschriften (a–h). Sie sollen jedem der drei Paragrafen eine Überschrift zuordnen. Eine Überschrift ist das Beispiel und passt zu § 0. Es bleiben also vier Überschriften übrig.

Tipp

1. § 0 ist das Beispiel. Streichen Sie ihn durch und lesen Sie ihn nicht, um Zeit zu sparen.
2. Lesen Sie die Textüberschrift. Dann kennen Sie das Thema.
3. Lesen Sie § 28 und die Überschriften a–h. Ordnen Sie die passende Überschrift zu. Achtung! Die Beispielüberschrift können Sie nicht mehr verwenden.
4. Machen Sie mit § 29 und § 30 genauso weiter.

Sie sind in einem Escape Room und lesen die Hausordnung. Welche der Überschriften aus dem Inhaltsverzeichnis passen zu den Paragrafen? Vier Überschriften werden nicht gebraucht.

Beispiel

0 **Lösung:** d

Hausordnung Escape Room Rosenheim

Inhaltsverzeichnis

a Pünktlichkeit
b Nutzungsbeschränkungen
c Haftung
~~d~~ Anzahl der Teilnehmer
e Stornierung
f Gutscheine
g Handybenutzung
h Anforderungen an die Teilnehmer

§ 0 d

Pro Zimmer können mindestens drei und höchstens acht Personen teilnehmen. Bei mehr als acht Personen können zwei Zimmer gleichzeitig gebucht werden oder aber ein Zimmer für zwei aufeinanderfolgende Stunden, sodass jede Gruppe denselben Escape Room erlebt. So können Teams auch gegeneinander um die beste Zeit kämpfen.

§ 28 ___

Ein bereits gebuchter Escape Room kann bis zu 72 Stunden vor Spielbeginn kostenfrei storniert oder geändert werden. Bei Buchungen ab zwei Spielräumen muss die Stornierung sieben Tage vorher erfolgen. Wird eine dieser Fristen überschritten, ist Escape Room Rosenheim berechtigt, Ausfallgebühren in Höhe von 100% des Spielpreises in Rechnung zu stellen, die sofort zur Zahlung fällig ist.

§ 29 ___

Unter Einfluss von Alkohol oder anderen psychoaktiven Substanzen ist das Benutzen der Escape Rooms verboten. Personen mit Neigung zu Krampf- oder Ohnmachtsanfällen sowie geistig und körperlich schwer Behinderten sind die Nutzung und der Aufenthalt nur in Begleitung einer Aufsichtsperson gestattet.

§ 30 ___

Escape Room Rosenheim erbringt Dienstleistungen an Kunden im Bereich Live Escape Games. Das Prinzip dieser Spiele besteht darin, dass die Gruppe die gestellte Mission innerhalb von 60 Minuten erfolgreich beendet. Dabei bekommen die Spielteilnehmer/innen Hilfestellung von einem Spielleiter, müssen aber Teamgeist, Intelligenz, Logik und Geschicklichkeit unter Beweis stellen.

MODELLTEST 2

2 MODELLTEST Teil 1

Arbeitszeit: ca. 18 Minuten

Sie lesen in einem Forum, was junge Leute zur Politik meinen.
Auf welche der vier Personen treffen die einzelnen Aussagen zu? Die Personen können mehrmals gewählt werden.

Beispiel

0 Wer glaubt, dass die junge Generation sich für Politik interessiert? **Lösung:** a

1 Wer ist außerhalb der Parteien politisch engagiert?

2 Wer möchte das politische System besser verstehen?

3 Wer ist von der politischen Szene enttäuscht?

4 Wer traut den Informationen aus den Medien nicht?

5 Wer kritisiert das Desinteresse vieler Jugendlicher an Politik?

6 Wer meint, dass die heutige Jugend neue Formen des Aktivismus bevorzugt?

7 Wer behauptet, dass Politiker für ihre Irrtümer Rechenschaft ablegen müssen?

8 Wer glaubt nicht, dass die Wahlen von Bedeutung sind?

9 Wer möchte unbedingt wählen?

So denken junge Leute über Politik

a Lara

Meine Generation ist schon ein bisschen verwöhnt. Wir haben es gut, klar. Aber das heißt nicht, dass wir nicht auch kritisch sind. Dass die Jugend unpolitisch ist, wie immer wieder behauptet wird, halte ich – ehrlich gesagt – für Quatsch. Ich habe schon ungeduldig darauf gewartet, das Wahlrecht ausüben zu können, damit meine eigenen Interessen endlich vertreten werden. Ich lege großen Wert auf Politik und finde, dass meine Generation sich durchaus engagiert, aber nicht mehr klassisch, nicht so wie die 68er. Heute läuft das soziale Engagement vor allem übers Internet: Petitionen, Aufrufe zu Demos und Diskussionen auf Plattformen und in Facebook-Gruppen. Das ist auch in Ordnung, trotzdem sollte man seine Meinung auch auf der Straße kundtun und öfter mal vom Smartphone-Display in die reale Welt hochgucken. Sonst verliert man den Kontakt mit der Wirklichkeit.

b Marvin

Mit der Demokratie bin ich zufrieden, allerdings habe ich von der Arbeit der Bundesregierung keine klare Vorstellung und begreife nicht völlig die Regeln des politischen Systems in Deutschland. Wenn ich eine bessere Vorstellung hätte, könnte ich als Mitglied einer Partei aktiver werden. Ich denke, wer mit Feuer in eine Partei eintritt und sich engagiert, der kommt mit etwas Glück rasch in eine Position, in der er die Politik aktiv mitbestimmen kann. Ich habe einige Freunde, die sich gar nicht für Politik interessieren, die gehen lieber feiern. Das kann ich nicht gutheißen, ich kann sie jedoch verstehen: Sie glauben, dass sich die Politiker nur um die Senioren kümmern, also um die Rente, um Pflege und dergleichen. Auf der anderen Seite kann man sich eben doch nicht darauf verlassen, dass schon alles gut geht, wenn man sich nicht einmischt.

c Jennifer

Ehrlich gesagt glaube ich, dass keine Partei meine Interessen vertritt. Ich bin frustriert, habe kein Vertrauen in die Politik und die Politiker, erwarte mir nichts mehr von den politischen Institutionen, deswegen schenke ich der Wahl keine Beachtung. Und da das Finanzsystem die Welt bestimmt, sind nur beschränkte Möglichkeiten für positive Änderungen durch die Wahlen vorhanden: Zwischen Wahlkampfversprechen und Realpolitik liegen Welten. Mich interessieren jedoch Themen wie Integration, Bildung, Chancengleichheit, Gleichberechtigung oder Wohnraum, darum bin ich in einer Non-Profit-Organisation organisiert. Da muss man nämlich keine Kompromisse schließen. In einem solchen Verband, der nicht privatwirtschaftlich arbeitet und eine sehr wichtige Rolle für das Gemeinwesen spielt, haben ja alle das gleiche Ziel: Praktische Aktionen, um eine gerechte Welt zu schaffen. In einer Partei muss dagegen ständig nach dem goldenen Schnitt gesucht werden.

d Marcel

Ich muss zugeben, dass ich wenig Motivation habe, mich über Politik zu informieren. Am wichtigsten sind mir ohnehin Dinge, die unmittelbar mein eigenes Leben betreffen: Treue, Freunde und der Ausgleich zwischen Arbeit und Freizeit. Wenn es um Abstimmungen oder aktuelle politische und gesellschaftliche Themen geht, informiere ich mich zuerst bei meinen Eltern. Fernsehen und Zeitungen spielen dabei nur eine untergeordnete Rolle. Sozialen Netzwerken und Online-Informationsplattformen vertraue ich nicht als Informationsquellen. Auch wenn ich nicht politisch engagiert bin, vertrete ich nicht die Ansicht, dass Politik ein schmutziges Geschäft ist. In Deutschland wird ordentlich regiert. Es werden auch Fehler gemacht, aber die Politiker müssen in der Regel die Konsequenzen ziehen. Korruption ist bei uns kein Thema wie in anderen Ländern. Deswegen genießen unsere Politiker mein Vertrauen.

Arbeitszeit: ca. 12 Minuten

Sie lesen in einer Zeitschrift über die berühmteste Maus der Welt.
Welche Sätze passen in die Lücken? Zwei Sätze passen nicht.

Über die weltweit berühmteste Comicfigur

Wer kennt sie nicht, die kleine Maus, die nun schon seit über 90 Jahren Alt und Jung auf der ganzen Welt entzückt? Sie ist ca. 1,20 m groß und sollte „Mortimer" getauft werden. Dieser Name jedoch gefiel der Frau des Schöpfers nicht, sie schlug das kecke „Micky" vor.

Angeblich kam dem 26-jährigen Disney die Idee zu der damals noch sehr schlichten Figur 1927 auf einer Zugfahrt von New York nach Los Angeles. **(...0...)** Er brauchte dringend eine neue Figur. Der kleine Nager bestand zunächst aus einfachen Kreisen, hatte noch keine Knopfaugen, seine vier beweglichen Finger steckten noch nicht in weißen Handschuhen und überhaupt war er sehr spärlich bekleidet. Disney entwickelte die Maus zunächst noch als übermütigen Charakter mit einem Hang zu Grausamkeiten. **(...10...)** Darin eifert die Maus dem Piloten Charles Lindbergh nach, der seinerzeit gerade als Erster den Atlantik überflogen hatte. Allerdings wurde dieser kleine Film nur einmal bei einer Testvorführung als Stummfilm gezeigt und konnte zunächst nicht verliehen werden. So gilt die Premiere von Disneys erstem Tonfilm „Steamboat Willie" im November 1928 als Geburtsdatum der Maus. Als frecher Schiffsjunge spielte sich der Mäuserich sofort in die Herzen der Zuschauer und seine Beliebtheit schoss in den Himmel. **(...11...)**

Nach den ersten Filmen veränderte sich Micky Maus aber rasch, und zwar nicht nur optisch, sondern auch charakterlich. **(...12...)** Als Detektiv beschützte sie ihre Mitmenschen vor bösen Buben wie dem üblen Kater Karlo, gemeinsam mit ihrem einfältigen Freund Goofy und dem treuen Hund Pluto.

In den Jahren von 1928 bis 1945 investierte Walt Disney auch sein damals noch sehr bescheidenes Vermögen vollständig in die Karriere seiner Maus. So konnten neue Filmtechniken entwickelt werden. **(...13...)** Der enorme Erfolg gab Disney recht. Er bewies nicht nur, dass er ein künstlerisch glückliches Händchen hatte, sondern auch, dass er über unternehmerische Qualitäten verfügte, indem er seine Schöpfungen mit gewerblichen Schutzrechten absicherte und dann als einer der ersten in großem Stil Merchandising betrieb. Schon 1930 erschien das erste Lizenzprodukt, Schulmappen mit dem Bild der Maus. **(...14...)**

Heute ist die anthropomorphe Maus das Markenzeichen eines der weltgrößten Unterhaltungskonzerne. Ihre Bekanntheit ist geradezu universal. Man findet sie in Vergnügungsparks, auf Kreuzfahrtschiffen oder im Fernsehen. **(...15...)** Aber diese Erfolgsgeschichte konnte 1928 noch niemand absehen.

Beispiel

0 Damals war der aufstrebende Zeichner und Produzent gerade pleite.

a Das Ergebnis waren immer aufwendigere und kunstvollere Produktionen.

b Allerdings fand dieser Film keinen Verleih.

c Damit war er ein Pionier auf dem Gebiet der Vermarktung von Produkten.

d Das Publikum strömte in Scharen in die US-Kinos.

e Micky ist allgegenwärtig und eine Goldgrube.

f Trotzdem überschlugen sich die Kritiker vor Begeisterung.

g Aus dem frechen Kerl wurde nun eine wohlerzogene Saubermaus.

h Ihren ersten Auftritt hatte sie bereits am 15. Mai 1928 in dem Kurzfilm „Plane Crazy".

Sie lesen in einer Zeitung einen Artikel über einen ehrenamtlichen Verein. Wählen Sie bei jeder Aufgabe die richtige Lösung.

Brücken bauen – Lösungswege finden

Schüler, die Probleme haben, finden Hilfe bei ehrenamtlichen Mediatoren des Vereins „Seniorpartner in School".

Wachsender Leistungsdruck, Konflikte im häuslichen Umfeld, steigender Konsum von häufig ungeeigneten Medienangeboten und komplexe Lebens- und Beziehungsformen machen es heutzutage vielen jungen Menschen schwer, sich in der Gesellschaft sozial angemessen zu orientieren.

Das wirkt sich oft so aus, dass sie in ihren Entwicklungs- und Lernmöglichkeiten eingeschränkt sind. Folglich versagen sie in der Schule oder ziehen sich in virtuelle Welten zurück. Körperliche und verbale Gewalt, Ausgrenzung und Mobbing sind immer häufiger zu beobachtende Phänomene. Auf der Tagesordnung im Schulalltag stehen ebenfalls Konkurrenzdenken, Liebeskummer, Hänseleien, Cliquen-Rivalitäten, Probleme mit Lehrern, von denen man sich zum Beispiel ungerecht behandelt fühlt. Sich aus Frust der unkontrollierten Nutzung digitaler Medien hinzugeben ist da keine Alternative.

Hier dienen die Mitglieder des Vereins „Seniorpartner in School" als wertvolle Ansprechpartner. Der Verein wurde 2001 in Berlin von Christiane Richter gegründet, die etwas gegen den demografischen Wandel und gegen die zunehmende Abgrenzung der Generationen untereinander tun wollte. Außerdem suchte sie nach einer Möglichkeit dafür, dass sich Menschen in der 3. Lebensphase sinnvoll betätigen und sich bürgerschaftlich engagieren können. Im Jahr 2006 wurde Frau Richter für ihre vorbildliche Idee und deren beispielhafte Umsetzung mit dem Bundesverdienstkreuz ausgezeichnet. Von da an wurden in immer mehr Bundesländern Landesverbände gegründet.

Die Mitglieder des Vereins, die sich freiwillig engagieren, sind Personen ab 55 Jahren, in der Regel Rentner sowie Menschen mit Halbtagsstelle. Die Ausbildung zum Mediator findet in einem 80-stündigen Kurs statt. Hier lernen die Interessierten die zentralen Schritte des Mediationsprozesses und verschiedene Kommunikations-, Gesprächs- und Interventionstechniken. Für sie zählt diese Tätigkeit als Möglichkeit, Verständnis und Solidarität zwischen den Generationen zu fördern.

Ein Zweier-Team von Mediatoren besucht an einem festen Tag der Woche eine Schule, wo in Mediationsgesprächen gemeinsam mit den jungen Menschen Wege zu einer gewaltfreien Lösung ihrer Konflikte gesucht werden. Die Beteiligten entwickeln selbst Lösungen, die von allen akzeptiert und wobei die Bedürfnisse aller berücksichtigt werden müssen. Wichtiger Bestandteil bei der Problemlösung sind Rollenspiele. Die persönlichen Stärken der Schülerinnen und Schüler werden gefördert und die Jugendlichen werden ermutigt, selbstverantwortlich zu entscheiden und zu handeln. Auf diese Weise werden ihre persönliche und soziale Kompetenz gestärkt.

Alles, was zwischen den Konfliktparteien und dem Mediatorenteam besprochen wird, unterliegt der Diskretion und kann nur mit Zustimmung aller Beteiligten an dritte Personen weitergegeben werden. Eltern und Schule können mit einbezogen werden, wenn der zu Unterstützende damit einverstanden ist.

Die wichtigsten Prinzipien, die bei der Mediationsarbeit gelten, sind „Verschwiegenheit", „Freiwilligkeit" und das Herstellen einer „Win-win-Situation." Die jungen Leute gewinnen wertvolle, konstruktive Unterstützung, die Älteren das Gefühl, mit ihrer Empathie und ihrer Bereitschaft zum Zuhören etwas erreicht zu haben.

Beispiel

0 Soziale Orientierung in der Gesellschaft ist schwer für Jugendliche, ...

- a) die zu viel fernsehen.
- b) die häufigen Streit im Freundeskreis haben.
- ☒ c) die mit Problemen im Elternhaus konfrontiert sind.

16 Junge Leute, die Probleme in ihrer Entwicklung haben, ...

- a) flüchten sich in die digitale Welt.
- b) werden von Lehrern ungerecht behandelt.
- c) schwänzen die Schule.

17 Der Verein „Seniorpartner in School" ...

- a) beeinflusst den demografischen Wandel.
- b) ist ein gutes Beispiel für die Gesellschaft.
- c) ist bundesweit vertreten.

18 Was ist den Mitgliedern des Vereins wichtig?

- a) Dass sie halbtags aktiv sein können.
- b) Dass sie die Generationen verbinden.
- c) Dass sie ausgebildet werden.

19 Die Mediatoren ...

- a) schlagen vor, wie ein Problem zu lösen ist.
- b) entscheiden, welche Lösung die beste ist.
- c) streben an, eine gewaltfreie Lösung zu finden.

20 Eltern können an den Mediationsgesprächen teilnehmen, wenn ...

- a) sie diskret sind.
- b) die Schule einverstanden ist.
- c) der Hilfesuchende nichts dagegen hat.

21 Als Mediator ...

- a) darf man nichts verschweigen.
- b) muss man gut zuhören können.
- c) kann man Empathie gewinnen.

Arbeitszeit: ca. 12 Minuten

**Sie lesen in einer Zeitschrift Meinungsäußerungen zum Streikverbot für Lehrer.
Welche Äußerung passt zu welcher Überschrift? Eine Äußerung passt nicht. Die Äußerung a ist das Beispiel und kann nicht noch einmal verwendet werden.**

Beispiel

0 Unmotivierte Lehrer müssen keine Folgen tragen **Lösung:** a

22 Streik der Lehrer auch für Schüler von Vorteil

23 Gleicher Lohn und Streikrecht für alle Lehrer

24 Streikverbot für alle von Nutzen

25 Lehrer sollten auf andere Verhandlungsmittel zurückgreifen

26 Forderungen der Lehrer sind nicht nur finanzieller Natur

27 Die Streikrecht-Debatte ist eigentlich sekundär

Streikverbot für Lehrer

a (X) Für streikende Lehrer kann ich kein Verständnis aufbringen. Sie haben eigentlich keine Veranlassung dafür. Die Liste ihrer Privilegien ist lang und durch den sicheren Job kann die Motivation nachlassen. Es hat ja keine Konsequenzen, wenn man schlechten Unterricht macht. Darunter leiden dann aber die Schüler.

Clara, Köln

b Aus gesellschaftlicher Sicht, vor allem aber aus der Perspektive der Schüler, ist das Streikverbot ein nicht zu unterschätzender Vorteil. Es gibt eine Schulpflicht, und sie gilt eben für beide Seiten: für die Schüler, die zur Schule gehen müssen – aber auch für die Schulen, die den Unterricht sicherzustellen haben.

Mathilda, Bonn

c

Sinn und Zweck eines Lehrerstreiks ist nicht allein eine Anhebung des Gehalts, auch wenn in den letzten Jahren eine deutliche Abkopplung von der allgemeinen Lohnentwicklung zu erkennen ist. Es gibt wichtigere Probleme, wie die chronische Unterfinanzierung der Schulen und die Vernachlässigung der Fürsorgepflicht des Staats gegenüber seinen Beamten.

Milan, Hagen

d

Dass das Grundrecht des Streiks auch für die Lehrer Geltung hat, finde ich durchaus akzeptabel. Wir Schüler profitieren auch davon, da uns eine freie Stunde zur Verfügung steht. Außerdem wird unser Arbeitsplan entlastet, da wir keine neuen Hausaufgaben für das nächste Mal machen müssen. Warum sollten wir da keine Solidarität mit unserer Lehrerschaft zeigen?

Mika, Neuss

e

Lehrerinnen und Lehrer müssen gut ausgestattete Schulen und Arbeitsplätze zur Verfügung gestellt bekommen. Das Verfahren ums Streikrecht ist ein unnötiger Kampf auf einem Nebenkriegsschauplatz – es gibt wirklich Wichtigeres zu ändern in den Schulen.

Anni, Jena

f

Streikrecht für alle Lehrer, und zwar bei gleichem Gehalt für alle Lehrer, egal ob verbeamtet oder angestellt! Wir haben ein extremes Bildungschaos und einen enormen Lehrermangel, der mal schnell mit Billigkräften ausgeglichen werden soll!

Tom, Hildesheim

g

Volle, heterogene Klassen unterrichten, Nachmittage und Wochenenden mit Korrekturen am Schreibtisch verbringen, sich mit unverschämten Eltern unterhalten, ständig neue pädagogische und didaktische Experimente durchführen ... Als Schulleiter habe ich natürlich Ahnung vom Lehrerberuf. Trotzdem finde ich Gespräche als Überzeugungsmittel geeigneter als Streiks.

Henri, Ulm

h

Lehrer dürfen natürlich streiken – das ist keine Frage! Darüber hinaus halte ich aber auch die gesellschaftliche Anerkennung der Lehrer für wichtig. Es ist falsch, wenn Lehrer als belächelte Geringverdiener ähnlich Loosern vor Kindern stehen, sodass die ihre Lehrer mit Vorbildfunktion nur noch mitleidig belächeln.

Lina, Leverkusen

2 MODELLTEST Teil 5

Arbeitszeit: ca. 6 Minuten

Sie möchten an der Akademie-Hochschule Stuttgart Animation-Design studieren und lesen die Studienordnung.
Welche der Überschriften aus dem Inhaltsverzeichnis passen zu den Paragrafen?
Vier Überschriften werden nicht gebraucht.

Beispiel

0 **Lösung:** a

Studienordnung für den Bachelorstudiengang Animation-Design

Inhaltsverzeichnis

- ~~a~~ Auswahl und Zulassung
- b Studieninhalte
- c Aufbau des Studiums
- d Module des Bachelorstudiums
- e Studienberatung
- f Studienbeginn
- g Auslandsaufenthalt
- h Studienziel

§ 0 a

Die Zulassung erfolgt durch das Immatrikulationsamt der Akademie-Hochschule Stuttgart. Für die Immatrikulation in den Bachelorstudiengang Animation-Design gilt eine Zulassungsbeschränkung. Die Auswahl gemäß § 58 LHG Baden-Württemberg erfolgt auf der Grundlage der Ordnung zur Feststellung der studiengangbezogenen Eignung.

§ 28 ___

Das Studium kann jeweils zum Wintersemester und/oder Sommersemester aufgenommen werden, sofern genügend geeignete Bewerbungen vorliegen und nicht andere abweichende Festlegungen vom Fachbereichsrat vorgeschlagen und durch den Senat bestätigt werden.

§ 29 ___

Das Studium setzt sich im Vollzeitstudium aus sechs und im Teilzeitstudium aus acht theoretischen Studiensemestern einschließlich eines Kreativprojekts (Praktikum) und der Bachelorarbeit zusammen und endet nach Anfertigung der Bachelorarbeit und deren erfolgreicher Bewertung.
Ein Studiengangwechsel innerhalb der Fakultät Design der Akademie-Hochschule Stuttgart ist bis spätestens zum Ende des 2. Semesters möglich.

§ 30 ___

Die allgemeine Studienberatung erstreckt sich auf Fragen des Studienzugangs, der Studienmöglichkeiten, Einschreibmodalitäten und allgemeine studentische Angelegenheiten.
Studenten im Vollzeitstudium, die bis zum Beginn des dritten Semesters noch keine Prüfungsleistung erbracht haben, müssen im dritten Semester an einer Studienberatung teilnehmen.
Studenten im Teilzeitstudium, die bis zum Beginn des vierten Semesters noch keine Prüfungsleistung erbracht haben, müssen im vierten Semester an einer Studienberatung teilnehmen.

MODELLTEST 3

3 MODELLTEST Teil 1

Arbeitszeit: ca. 18 Minuten

Sie lesen in einem Forum, was junge Leute über das Filmen mit Smartphones auf Konzerten denken. Auf welche der vier Personen treffen die einzelnen Aussagen zu? Die Personen können mehrmals gewählt werden.

Beispiel

0 Wer filmt nicht nur, um Bekannte neidisch zu machen? **Lösung:** a

1 Wer benutzt gern das Smartphone auf Konzerten?

2 Wer bezweifelt, dass Videomitschnitte interessant sind für alle?

3 Für wen ist ein Konzert eine Interaktion zwischen Künstlern und Fans?

4 Wer erwähnt Alternativen, um ein Konzert in Erinnerung zu behalten?

5 Wer denkt auch an diejenigen, die das Konzert nicht besuchen können?

6 Wer meint, dass Künstler aus finanziellen Gründen für ein Handyverbot sind?

7 Wer möchte auf einem Konzert voll dabei sein, um nichts zu vergessen?

8 Wer findet die Qualität der Smartphone-Aufnahmen schlecht?

9 Wer hat Konzerte früher mehr genossen?

Handys auf Konzerten – Störfaktor?

a Denise

Tatsächlich gibt es viele Musiker, die zu Beginn ihrer Shows die Fans bitten, keine Fotos und Videos zu machen oder Verbote aussprechen. Durch das ganze Gefilme und Gepostete werden nicht nur die Musiker auf der Bühne genervt, sondern eben auch diejenigen Leute im Publikum, die denen da oben einfach nur zuhören wollen. Was mich angeht, genieße ich die Shows, ohne mein Smartphone zu benutzen. Denn ich möchte nicht verpassen, was gerade um mich herum geschieht. Einmal war allerdings ein Konzert ausverkauft, meine Freunde konnten keine Karten mehr kriegen und mussten draußen bleiben. Ihretwegen habe ich also das Geschehen auf der Bühne fotografiert und gefilmt und gleich in die sozialmediale Welt gepostet. Nicht alle Zuschauer filmen nur für die Likes auf Facebook und Instagram, also um unter anderem zu sagen: „Ätsch, ich bin drinnen und ihr nicht, und es ist sooo super!"

b Dirk

Vor Kurzem war ich auf einem Konzert. Eine Frau vor mir hielt drei Minuten lang ihr Smartphone hoch. Dabei war sie nicht die einzige. Mindestens noch zehn andere Leute in meinem Blickfeld haben das Konzert mit ihrem Handy gefilmt. Wenn man auf einem Konzert ist, sollte man es doch einfach genießen. Ich habe nichts gegen ein Erinnerungsselfie oder ein Foto für die Freunde. Aber wer möchte sich verwackelte, unscharfe Videos anschauen, bei denen der schlechte Ton wehtut? Und bestimmt keiner möchte zweiminütige Sprachnachrichten bekommen, auf denen man nichts versteht. Am besten schickt man den Freunden doch einfach nur ein nettes Foto oder eine Textnachricht, meinetwegen auch ein kurzes Video und packt dann das Smartphone weg. Auf öffentlichen Veranstaltungen sind in der Regel jede Menge professioneller Fotografen und Filmer, die alles für das Publikum festhalten, falls man meint, dass die eigenen Erinnerungen nicht ausreichen. Die Mitmenschen hinter uns werden dankbar sein.

c Lena

Konzerte gehören zu den Lebensereignissen, die wir mit der Welt teilen wollen. Mein Speicherplatz auf dem Telefon ist voll mit Videomitschnitten, Sprachmemos und Fotos von spärlich beleuchteten Hallen und Bühnen. Die Euphorie, die mich ergreift, wenn ich meine geliebten Bands live performen sehe, will ich um jeden Preis festhalten. Gleichzeitig nervt es mich, wenn andere meine Sicht blockieren. Es ist eine traurige Wahrheit, dass ich mich beim Filmen mehr auf meinen Screen als auf das Geschehen vor mir konzentriere. Statt die Atmosphäre aufzusaugen, habe ich Panik, dass mein Smartphone die extreme Lautstärke nicht übersteuert. Das verfälscht natürlich das Live-Gefühl. Wer allerdings 100 Euro für ein Konzertticket ausgegeben hat, der hat meines Erachtens auch das Recht, sein Smartphone nach Belieben zu benutzen. Auch trotz der Tatsache, dass Live-Mitschnitte auf DVD oder Blu-Ray für einige Künstler eine wichtige Einnahmequelle sind.

d Fabian

Ich liebe Konzerte. Die Spannung kurz vor Beginn, die Momente, wenn das Publikum jedes Wort mitsingt, das ist ein unbeschreibliches Gefühl. Deswegen finde ich es eigentlich schade, dass wir uns heutzutage mit unseren Smartphones beschäftigen, statt die Energie und die Musik zu genießen. Früher haben wir getanzt und geklatscht, heute filmen wir wie verrückt. Das finde ich irgendwie dekadent. Dass das Phänomen so viele Künstler stört, kann ich gut verstehen. Überall sieht man nur leuchtende Bildschirme und Blitzlicht. Das permanente Filmen bei Konzerten verhindert die Kommunikation zwischen dem Publikum und den Musikern, aber die sind auf das Feedback der Leute angewiesen. Doch ein rigoroses Handyverbot käme bei mir nicht besonders gut an. Auch wenn mir klar ist, dass ich mich besser ohne Ablenkung an das Geschehen erinnere.

Arbeitszeit: ca. 12 Minuten

Sie lesen in einer Zeitschrift über die Rechte der Kinder.
Welche Sätze passen in die Lücken? Zwei Sätze passen nicht.

Auch Kinder brauchen Rechte

Jahrtausende lang zählten Kinder vom Tag ihrer Geburt an zu den Besitztümern der Eltern. **(...0...)** Vielmehr waren sie von den Wünschen ihrer Eltern abhängig, was Schule, Ausbildung und Beruf betraf.

Das änderte sich mit der Aufklärung, als 1789 die Menschen- und Bürgerrechte der französischen Revolution erklärt wurden. **(...10...)** Erst im 19. Jahrhundert gab es erste Änderungen. So wurde 1833 in England die Fabrikarbeit für Kinder unter neun Jahren verboten. Ab 1896 wurde die Misshandlung von Kindern durch Eltern oder andere Bezugspersonen unter Strafe gesetzt. **(...11...)** Erst in jenem Jahr verabschiedete die Generalversammlung der Vereinten Nationen die UN-Kinderrechtskonvention einstimmig. Keine andere internationale Konvention hat so große Unterstützung erhalten. Alle Staaten mit Ausnahme von Somalia, Südsudan und den USA haben sie ratifiziert. **(...12...)** Denn jeder Mensch unter 18 Jahren erhielt damit Rechte, darunter das Recht auf Überleben, das Recht auf Gleichbehandlung, auf Bildung, auf Schutz vor Missbrauch und Gewalt, aber auch das Recht, seine Meinung sagen zu dürfen. Kinder werden nicht länger als unmündige Wesen betrachtet. **(...13...)**

Heute ist schon die erste Generation Kinder mit diesen Rechten aufgewachsen. Trotzdem werden täglich weiter die Rechte von Millionen Mädchen und Jungen verletzt. **(...14...)** Sie leben auf der Straße, kämpfen im Krieg und können nicht zur Schule gehen. **(...15...)** Laut Unicef müssen weltweit rund 170 Millionen Minderjährige hart schuften.

Bis heute fehlen jedem zweiten der rund 2,2 Milliarden Kinder auf der Erde grundlegende Mittel zum Überleben und für ihre Entwicklung wie ausreichende Nahrung und eine gute Schulbildung. Die globale Finanzkrise hat die ärmsten Menschen in den Entwicklungs- und Schwellenländern am härtesten getroffen.

Auch in den Industrieländern wächst die Kluft zwischen den Kindern, die gesund und gefördert aufwachsen, und solchen, deren Alltag durch Hoffnungslosigkeit und Mangel geprägt ist. Die Staaten, die das Dokument unterzeichnet und ratifiziert haben, stehen also in der Pflicht, die Rechte der Kinder zu verwirklichen.

Beispiel

0 Sie konnten sich deswegen nicht zu selbstständigen Individuen entwickeln.

- a Sie werden nun vielmehr als autonome Persönlichkeiten ernst genommen und respektiert.
- b Allerdings folgten daraus noch keine speziellen Überlegungen für Kinder.
- c Stattdessen arbeiten viele von ihnen auf Feldern oder nähen in Fabriken.
- d Hingegen bekommen immer noch Millionen nicht die nötige Versorgung.
- e Es war jedoch noch ein weiter Weg bis zum 20. November 1989.
- f Trotzdem mussten sie sich dem Familienoberhaupt unterordnen.
- g Zweifellos würde nun die Welt kinderfreundlicher werden.
- h Auch nach fast 30 Jahren leben Kinder immer noch im Elend.

Arbeitszeit: ca. 12 Minuten

Sie lesen in einer Zeitung einen Artikel über den Wert des Abiturs. Wählen Sie bei jeder Aufgabe die richtige Lösung.

Wer Abitur hat, dem steht die Welt offen

In einer Gesellschaft, die sich den Herausforderungen einer globalen Welt gegenübersieht, die mit Problemen wie Finanzkrisen oder Migration konfrontiert ist, herrscht das Gefühl, dass jede Sicherheit zwischen den Fingern zerrinnt und man selbst nichts mehr kontrollieren kann. Bleibt nur, was man nicht greifen kann: Bildung. Was jemand im Kopf hat, kann ihm niemand nehmen.

So ist es kein Wunder, dass das Abitur mehr denn je als Ticket zum Erfolg gilt. Es ist der Wegbereiter für Studium und Beruf, entscheidet über Lebenschancen. Allerdings wird es immer schwieriger, sich abzuheben, denn heute verlassen über 50 Prozent aller Schüler die Schule mit dem Zeugnis der Allgemeinen Hochschulreife. Vergleichsweise waren es im Jahr 1992 noch 31 Prozent. Die Reifeprüfung allein ist also keine Auszeichnung mehr, sondern fast schon Selbstverständlichkeit. Da lautet die Frage nicht mehr, ob jemand das Abi hat, sondern mit welchem Notendurchschnitt. Und die Noten werden immer besser. In Berlin zum Beispiel hat sich die Zahl der Abiturienten mit 1,0 in den vergangenen zehn Jahren versechsfacht.

All das erhöht den Druck und immer mehr Eltern haben das Gefühl, das Abitur ihrer Kinder in die Hand nehmen zu müssen. Um die Karriere ihrer Sprösslinge zu fördern, investieren sie viel Geld, beispielsweise in Nachhilfeanbieter, die bundesweit ihre Kurse anpreisen. Oder Schüler büffeln in intensiven Lerncamps in den Ferien sieben Tage am Stück acht Stunden täglich, damit sie die Inhalte der zwei Oberstufenjahre wiederholen. Damit aus der Zwei eine Eins wird, der Abi-Schnitt sich von 1,5 auf 1,2 hebt, zahlen Eltern laut einer Bertelsmann-Studie jährlich rund 880 Millionen Euro für private Nachhilfe.

Mit der Abiturprüfung ist aber nur die erste Hürde genommen. Jetzt geht es um die Frage: Ausbildung oder Studium? Und wenn studieren, dann was und wo? Die Informationsangebote der Schulen können hier nur einen ersten Einblick geben, eine umfassende Berufsorientierung ist nicht möglich. Da muss man sich nicht wundern, dass bei den 19.000 Studienfächern, die mittlerweile angeboten werden, private Beratungsinstitute Konjunktur haben, Berufswahlmessen immer häufiger angeboten werden und auch Hochschulen sich mit sogenannten Elternabenden an die neue Klientel richten.

Doch entscheidet die Abiturnote tatsächlich über den späteren Erfolg eines Kindes? Oder sind es andere Fähigkeiten, die ein Leben glücken lassen? Nach Meinung des Bildungsforschers Manfred Prenzel, der in Deutschland jahrelang mit der Durchführung der PISA-Tests betraut war, sind Noten zwar wichtig, decken aber nur ein bestimmtes Spektrum an Können ab und machen allein die Biografie eines Menschen nicht aus.

Auch deshalb hat die TU München ihre Auswahl umgestellt. Nicht nur die Abiturnote entscheidet, wer einen Studienplatz bekommt, sondern ein Auswahlgespräch, in dem der zukünftige Student seine Persönlichkeit zeigen kann und inwieweit er nicht nur über Fachwissen, sondern auch über soziale Kompetenzen verfügt.

Beispiel

0 Bildung ...

a ist charakteristisch für die globale Welt.
b unterliegt keiner Kontrolle.
☒ kann Sicherheit bieten.

16 Das Abitur ...

a legen heute mehr als die Hälfte aller Schüler ab.
b machen ca. ein Drittel aller Schüler.
c garantiert ein glückliches Leben.

17 Heutzutage ist es selbstverständlich, ...

a das Abitur zu machen.
b dass gute Noten zählen.
c eine gute Note im Abitur zu haben.

18 Wozu fühlen sich Eltern verpflichtet?

a Preiswerten Nachhilfeunterricht zu finden.
b In Lerncamps zu investieren.
c Den Kindern zu einer guten Abiturnote zu verhelfen.

19 Was hilft bei der Wahl des Studienfaches?

a Elternabende an den Schulen.
b Die Berufsorientierung, die Schulen geben.
c Beratungsangebote verschiedener Träger.

20 Die Abiturnote ...

a garantiert ein erfolgreiches Leben.
b zeigt, was ein Mensch wirklich kann.
c lässt nur teilweise Schlüsse über die Fähigkeiten eines Menschen zu.

21 Die TU München wünscht sich ...

a Studenten mit Fachwissen und Persönlichkeit.
b Studenten mit guten Abiturnoten und Fachkenntnissen.
c Studenten mit Fachkenntnissen.

3 MODELLTEST Teil 4

Arbeitszeit: ca. 12 Minuten

Sie lesen in einer Zeitschrift Meinungsäußerungen zur Gleichstellung von Frauen und Männern. Welche Äußerung passt zu welcher Überschrift? Eine Äußerung passt nicht. Die Äußerung a ist das Beispiel und kann nicht noch einmal verwendet werden.

Beispiel

0 Man braucht Gerechtigkeit, keine Frauenquote **Lösung:** a

22 Männer werden in einigen Fällen auch diskriminiert

23 Mütter haben oft geringere Aufstiegschancen

24 Der Lohn ist berufs- und nicht geschlechterspezifisch

25 Geschlechterunterschiede wird es immer geben

26 Quoten sind ein notwendiges Übel

27 Die Messung der Arbeitsleistung ist möglich

Gleichstellung von Frauen und Männern

~~a~~ Geschlechterquoten als Lösung für die Gleichstellungsproblematik sind keine Gleichberechtigung, sondern sexistische Diskriminierung. Denn aufgrund des Geschlechtes wird das Individuum unterschiedlich behandelt. Es ist doch selbstverständlich, dass für gleiche Arbeit der gleiche Lohn bezahlt wird, und es ist fair, wenn die Qualifikation entscheidet, ob eine Frau oder ein Mann die Arbeit übernimmt.

Jakob, Verl

b „Mann und Frau haben Anspruch auf gleichen Lohn für gleichwertige Arbeit." Das steht in der Verfassung. Doch der Satz wird von der Politik und von der Wirtschaft ignoriert. Trotz des Gleichstellungsgesetzes verdient eine Frau durchschnittlich immer noch 18 Prozent weniger als ein Mann.

Franziska, Bochum

c

Ich unterstütze gleiche Gehälter, wenn die Leistung gleich ist. Es wird allerhöchste Zeit, das Ergebnis und die Qualität der Arbeit von Mann und Frau bei einem identischen Arbeitsplatz exakt zu messen und zu vergleichen. Es gibt genügend Verfahren (Stoppuhren, Datenbanken etc.), mit denen die Personal-Effizienz festgestellt werden kann.

Maximilian, Jöhlstadt

d

Das Rentenalter für Männer liegt bei 65 Jahren, für Frauen bei 64 Jahren. Es gibt ein Ministerium für Frauen, aber keins für Männer. Männer verlieren nach Scheidungen in der Regel das Wohnrecht in der bisherigen Wohnung. Warum werden diese Diskriminierungen nicht erwähnt, die um Welten drastischer sind als eine kleine Lohnlücke? Weil da Männer benachteiligt werden?

Michael, Eisenach

e

Die Lohndifferenz lässt sich dadurch erklären, dass Frauen im Durchschnitt nicht die gleichen Jobs haben wie Männer. Aufgrund unterschiedlicher Interessen bevorzugen Frauen soziale Berufe und andere, die auch schlechter entlohnt werden. In einigen Bereichen gibt es bereits eine positive Änderung, z.B. gibt es immer mehr Ärztinnen und Juristinnen.

Noemi, Frankfurt

f

Quoten sind das uneleganteste Mittel der Gleichstellung. Zum Bild gehört aber auch, dass es sich um ein unentbehrliches Instrument handelt für etwas, das einfach nicht in die Gänge kommen will, also bei den ganzen angeblich längst so fairen männlichen Führungskräften. In diesem Sinne sollte man die Quoten befürworten.

Tim, Coswig

g

Natürlich verdient die Frau weniger, wenn sie in Teilzeit arbeitet. Die Frauen, die es nach oben schaffen, die haben in der Regel überhaupt keine Kinder, oder sie sehen sie nicht allzu häufig. Es gibt Berufe wie der des Anwalts, da ist die Karriereleiter dicht, wenn man zwei Jahre Elternzeit macht.

Lena, Bielefeld

h

Hier geht es nicht um Gleichstellung, sondern um Gleichmacherei. Frauen und Männer sind aber nicht gleich. Das ist wissenschaftlich erwiesen. Die Gleichmacher können sich auf den Kopf stellen und in die Hände klatschen, Unterschiede zwischen den Geschlechtern können nicht mit Gesetzen aufgehoben werden.

Elias, Wuppertal

Arbeitszeit: ca. 6 Minuten

Sie möchten für Ihre Party geeignete Räume mieten und lesen die Benutzungsordnung. Welche der Überschriften aus dem Inhaltsverzeichnis passen zu den Paragrafen? Vier Überschriften werden nicht gebraucht.

Beispiel

0 Lösung: a

Benutzungsordnung für die Partyräume der Gemeinde Denkendorf

Inhaltsverzeichnis

- ~~a~~ Schlüsselübergabe
- b Reservierungen
- c Allgemeine Ordnungsvorschriften
- d Genehmigung von Veranstaltungen
- e Verwaltung
- f Rücktritt von der Mietvereinbarung
- g Benutzungsgebühren
- h Haftung und Haftungsausschluss

§ 0 a

Der Mieter erhält bei der Übergabe der Räume einen Schlüssel. Die zuständige Person ist während der Mietdauer für den Schlüssel und die gemieteten Räume verantwortlich. Für den Verlust des Schlüssels und dessen Folgeschäden trägt der Mieter die Verantwortung

§ 28 ◯

Die Gemeindeverwaltung ist berechtigt, die Vermietung der Partyräume jederzeit zu widerrufen, wenn die Benutzungsgebühren nicht fristgerecht bezahlt oder wenn festgesetzte Auflagen und Bedingungen nicht erfüllt werden. Widerruf wird auch geleistet, wenn durch die beabsichtigte Veranstaltung oder die ihr dienenden Vorbereitungsmaßnahmen eine Störung der öffentlichen Sicherheit und Ordnung zu befürchten ist.

§ 29 ◯

Die Partyräume sind Eigentum der Gemeinde Denkendorf. Sie sind als solche öffentliches Vermögen, das der Allgemeinheit dient, und müssen pfleglich und schonend behandelt werden. Die Mieter sind verpflichtet, alle benutzten Räume wie WC, Küche, Partyraum und Umgebung zu reinigen. Die Räume sind so zu verlassen, wie sie angetreten wurden. Die Reinigung der Räume und der Abtransport von Material müssen umgehend erfolgen.

§ 30 ◯

Für entstandenen Schaden an Gebäude, Einrichtungen, Mobiliar, Geschirr, Apparaten und Umgebung haftet der Mieter. Schäden sind bei Abgabe des Schlüssels zu melden. Die Schäden werden in Rechnung gestellt.
Für Garderobe, private Gegenstände und Schäden jeglicher Art, die im Zusammenhang mit den Veranstaltungen entstehen, wird keine Haftung übernommen.

MODELLTEST 4

4 MODELLTEST Teil 1

Arbeitszeit: ca. 18 Minuten

**Sie lesen in einem Forum, wie junge Leute ihre Berufswahl treffen.
Auf welche der vier Personen treffen die einzelnen Aussagen zu? Die Personen können mehrmals gewählt werden.**

Beispiel

0 Wem war es möglich, einen Arbeitsplatz in einem anderen Land zu finden? **Lösung:** a

1 Wer würde gern die Ansicht von Experten über bestimmte Berufe hören?

2 Für wen war es wichtig, sofort nach dem Studium zu arbeiten?

3 Wer ist mit der Vielseitigkeit der Arbeit zufrieden?

4 Wessen Beruf wird auch in der Zukunft gefragt sein?

5 Wer ist der Ansicht, dass Eifer von Arbeitgebern geschätzt wird?

6 Wer hat sich durch Nebenjobs ein Bild von möglichen Berufen gemacht?

7 Wer möchte sich beruflich noch weiterbilden?

8 Für wen war bei der Wahl der Arbeitsstelle die Möglichkeit wichtig, dort Neues zu lernen?

9 Wer hatte einen gut bezahlten Beruf als Ziel?

Berufswahl: Herausforderung für junge Leute

a Mia

Nach dem Studium den Berufseinstieg im Ausland zu wagen, fand ich sehr interessant. Ich wollte bei einem international ausgerichteten Unternehmen arbeiten und als junge und ungebundene Programmiererin hatte ich sehr gute Chancen, meine ersten Karriereschritte im Ausland zu machen. Mir waren der Erwerb von interkultureller Kompetenz wie auch das Knüpfen internationaler Beziehungen besonders wichtig. Ein Anreiz war auch die Aussicht, meine Fremdsprachenkenntnisse zu verbessern und eine neue Kultur kennenzulernen. Seit zwei Jahren arbeite ich also bei einer großen deutschen Firma in Mexiko. Um diesen Wunsch zu realisieren, habe ich aber auch den richtigen Beruf gewählt. Programmierer sind überall auf der Welt gefragt. Und die Denk- und Vorgehensweise, die Software-Entwickler anwenden, wird auch in Zukunft sehr wichtig sein. Alles wird ja digitalisiert und automatisiert.

b Vanessa

Während des Studiums hatte ich genügend Freizeit, sodass es in Ordnung war, zu Anfang des Berufslebens davon etwas abzuknapsen. Ich wollte nach fünf Jahren an der Uni richtig in der Arbeitswelt durchstarten. Für mich war das Thema Beruf auch eine Frage der Ambitionen. Da mein Ziel ein hohes Gehalt war, habe ich mich für den Beruf der Finanzberaterin entschieden. Der richtige Umgang mit dem Einkommen fällt vielen Menschen schwer. Sie suchen daher Unterstützung bei einem Experten. Finanzberater beraten ihre Kunden über Geldanlagen, Kredite und Versicherungen. Mehr Geld für die Kunden bedeutet mehr Geld für die Firma und die Angestellten. Wie viel man verdient, ist aber auch von den sogenannten Soft Skills abhängig: Team- und Führungsfähigkeit, Empathie und andere soziale Kompetenzen können für Arbeitgeber ungemein wertvoll sein. Eine ehrliche Motivation und Begeisterung für die Sache machen außerdem einen guten Eindruck, finde ich, insbesondere wenn auch die Kollegen von dieser positiven Energie angesteckt werden.

c Oliver

Ich bin bereits in meinem letzten Schuljahr und mein Fokus liegt gerade noch auf meiner schulischen Ausbildung. Samstags arbeite ich bei einem großen Supermarkt, dadurch sammle ich auch erste Berufserfahrung. Durch Samstagsjobs kann man die echte Arbeitswelt kennenlernen. Ich war in verschiedenen Bereichen, z.B. in der Buchhaltung. Und obwohl ich anfangs dachte, dass die Arbeit interessant sein könnte, habe ich gemerkt, dass sie doch nichts für mich ist. Viele Jugendliche wissen nicht, was ihre Interessen sind. Sie sind unsicher und haben Angst die falsche Berufsentscheidung zu treffen. Es könnte ja sein, dass der Traumjob doch nicht passt. Was Jugendliche brauchen, sind meiner Ansicht nach die richtigen Informationen, bevor sie ihren Entschluss fassen. Die Meinung von Berufsberatern zu Vor- und Nachteilen eines Berufs wäre deswegen hilfreich.

d Mark

Ich habe nach einem sicheren Beruf gesucht, der mir Spaß macht und in dem ich mich verwirklichen kann. Privat habe ich schon des Öfteren nicht nur für mich, sondern auch für Verwandte Steuererklärungen gemacht. So kam mir die Idee, eine Ausbildung zum Steuerfachangestellten zu machen. Mir gefällt die abwechslungsreiche Arbeit – man hat keinen festen Ablauf. Und man lernt sehr viel, auch für das Privatleben. Es gibt so viele Möglichkeiten, sich nach der Ausbildung weiterzubilden. Was mir an der Ausbildung nicht gefällt, sind die Azubidienste: Aktenvernichtung, Postdienst, Küchendienst ... Typische Azubiaufgaben, die glücklicherweise mit Abschluss der Ausbildung ein Ende haben. Ich bin froh, mich für diesen Beruf entschieden zu haben. Für mich steht schon fest, dass ich mindestens den Steuerfachwirt machen werde.

Arbeitszeit: ca. 12 Minuten

**Sie lesen in einer Zeitschrift über die Zunahme des Flugverkehrs.
Welche Sätze passen in die Lücken? Zwei Sätze passen nicht.**

Das Chaos in der Luft

Fliegen ist heute fast so normal wie U-Bahn fahren. Dabei war es vor mehr als hundert Jahren noch etwas ganz Unglaubliches, ja geradezu Übernatürliches.

Die ersten Flugzeuge wurden in der zweiten Hälfte des 19. Jahrhunderts von Otto Lilienthal und den Brüdern Wright gebaut. Allerdings war das Fliegen anfangs nur etwas für Reiche und Berühmte. **(...0...)**

1958 begann mit der Einführung der Economyclass die Demokratisierung des Reisens. **(...10...)** Endgültig in der Mittelschicht angekommen war diese Art der Fortbewegung, als große Reiseveranstalter Charterflüge anboten und Urlauber nach Gran Canaria und Mallorca beförderten. Schließlich haben Billigflieger das Fliegen für jeden erschwinglich und komfortabel gemacht. **(...11...)**

Die Kehrseite der Medaille: Fliegen ist eine Katastrophe für die Umwelt. **(...12...)** Das erzeugt den Treibhauseffekt und treibt den Klimawandel voran. Die durch den Ausstoß von Wasserdampf erzeugten Kondensstreifen verstärken das Aufheizen unserer Atmosphäre, weil sie die Rückstrahlung der Wärme vom Erdboden in den Weltraum behindern. Deutschlandweit sind die Treibhausgasemissionen durch den Luftverkehr von 1990 bis 2014 von 15 Millionen Tonnen auf 26–27 Millionen Tonnen, d.h. um 85 %, gestiegen. Noch unbekannt ist, welche Nebenwirkungen die anderen ausgestoßenen Stoffe verursachen. **(...13...)**

Nicht weniger bedeutend ist die Belästigung der Menschen durch den Lärm, den die Flugzeuge bei Start, Landung, aber auch während des Fliegens erzeugen. Rund ein Viertel der Deutschen fühlen sich in ihrer Lebensqualität beeinträchtigt, ganz zu schweigen von den gesundheitlichen Risiken. Wie wissenschaftliche Untersuchungen gezeigt haben, können Bluthochdruck und Herzkreislauferkrankungen in direktem Zusammenhang mit Fluglärm stehen. **(...14...)** So konnten Untersuchungen belegen, dass Kinder in lauter Umgebung mehr Zeit für anspruchsvolle Aufgaben wie Rechnen und Schreiben benötigen und dass sie nervöser, zappeliger und aggressiver sind als Kinder in einer ruhigen Umgebung.

Jedoch besteht kaum Hoffnung darauf, dass das weltweite Wachstum des Flugverkehrs ein Ende findet. Gesunkene Preise und die einfache Verfügbarkeit von Flügen stellen alternative Transportmittel in den Schatten. Kein Wunder also, dass man das Fliegen gedankenverloren nutzt. **(...15...)** Ob in den Urlaub, geschäftlich oder übers Wochenende zu einem Kurztrip in eine europäische Metropole unterwegs, denkt jeder: Was würde sich schon in der Welt ändern, wenn ich auf meinen Flug verzichtete?

Beispiel

0 Der Durchschnittsbürger konnte sich nämlich die teuren Flüge nicht leisten.

a Dazu zählen Stickoxide, Aerosole, Ruß und Kohlenmonoxid.

b Sie strahlen die Gelassenheit der Vielflieger aus.

c Passagiere fliegen nun nicht mehr in Abendgarderobe, sondern im Jogginganzug.

d Es drängt sich nur ins Bewusstsein, wenn etwas nicht funktioniert.

e Trotzdem fliegt man jetzt in bequemerer Kleidung.

f Man musste nicht mehr reich sein, um sich in ein Flugzeug zu setzen.

g Beim Verbrennen von Kerosin setzen die Flugzeuge CO_2 frei.

h Aber auch die körperliche und geistige Leistungsfähigkeit leiden.

Arbeitszeit: ca. 12 Minuten

**Sie lesen in einer Zeitung einen Artikel über Umweltverschmutzung.
Wählen Sie bei jeder Aufgabe die richtige Lösung.**

Kompost voll von Mikroplastik

Bilder von blutenden Meeresschildkröten mit Plastikhalm im Nasenloch oder von Walmägen voller Kunststoffmüll sind vielen von uns heute nicht unbekannt. Jetzt gibt es endlich eine konkrete Maßnahme, vorgestellt von der EU-Kommission: das Verbot mehrerer Kunststoffprodukte, die europäische Strände am schlimmsten vermüllen. Nun aber rückt ein Thema auf die Agenda, das in der EU noch kaum eine Rolle spielt: Mikroplastik, winzige Kunststoffteilchen, die aus Haushalt und Gewerbe über den Biomüll in die Umwelt kommen.

Bis 1985 landete Bioabfall wie jeder andere Müll auf Deponien und rottete ungenutzt vor sich hin. Seitdem wird Biomüll getrennt gesammelt, in Kompostierungsanlagen zerkleinert und zu Kompost und Dünger verarbeitet, der in der Landwirtschaft zum Einsatz kommt. Eine umweltfreundliche Alternative, die Kunstdünger spart, der mit erheblichem Energieaufwand hergestellt werden muss. Die rund tausend Kompostierungsanlagen in Deutschland spielen daher eine wichtige Rolle in dem Teil der Wirtschaft, der tatsächlich nachhaltig arbeitet.

Nun haben Forscher der Universität Bayreuth allerdings in solchen Lebensmittel- und Pflanzenresten große Mengen kleiner Plastikteilchen – Mikroplastik – entdeckt. Bis zu 900 Stücke Kunststoff können pro Kilogramm Kompost enthalten sein, die einzelnen Teile sind zwischen ein und fünf Millimeter groß. Ein Grund dafür ist der falsche Umgang mit der Biotonne, in die nur Abfälle gehören, die ursprünglich von einem Tier oder einer Pflanze stammen. Jedoch landen neben pflanzlichen oder tierischen Abfällen auch sogenannte Störstoffe, wie Glas, Steine und Plastik in der Biotonne.

Es ist also wichtig, schon bei der Mülltrennung gründlich zu sein. Biomüll darf nicht in einem Plastikbeutel entsorgt werden, sondern in einem Papierbeutel, Zeitungspapier oder Küchenkrepp. Zwar werden in den Kompostanlagen die größeren Reste von Sieben und auch durch Auslesen von Hand entfernt. Die Mikroplastikteilchen können die Anlagen allerdings nicht erwischen und so gelangen sie mit dem Kompost in die Böden von Gärten und Äckern. Fest steht, dass sie dort in den wenigsten Fällen von Mikroorganismen abgebaut werden können. Sie bleiben einfach erhalten und werden wohl auch noch in vielen Jahrzehnten die Ökosysteme beeinflussen.

Die Forschung über die Folgen der Verunreinigung durch Mikroplastik steht erst am Anfang. Bekannt aber ist, dass das Plastik mit der Zeit immer feiner wird, etwa durch das ultraviolette Licht der Sonne oder mechanische Beanspruchungen wie Pflügen. Sind die Teilchen dann kleiner als einen tausendstel Millimeter, können solche Nano-Teilchen von den Zellen von Pflanzen und Tieren aufgenommen werden. Laut dem Umweltverband BUND wurden sie bereits in Seehunden, Fischen und kleineren Organismen wie Muscheln, die nach der Aufnahme von Mikroplastik Entzündungsreaktionen zeigten, nachgewiesen. Was passiert, wenn Teilchen von den Zellen eines Menschen aufgenommen werden, ist zwar noch nicht erforscht, erste Ergebnisse aber durch Untersuchungen an Fischen sollten uns nachdenklich stimmen. Die haben gezeigt, dass Nanoplastikteilchen eine natürliche Barriere zwischen Blutgefäßen und dem Gehirn überwinden und so das Verhalten der Tiere verändern können.

Beispiel

0 Kunststoffmüll wird in Zukunft ...

(a) den Meeresbewohnern weniger schaden.
(b) keinen Strand mehr verschmutzen.
(☒) die EU vor neue Probleme stellen.

16 Was passiert mit Biomüll?

(a) Er wird zu anderen Stoffen verarbeitet.
(b) Er wird in Lebensmittel- und Pflanzenreste geteilt.
(c) Er wird zu Kunstdünger gemacht.

17 Kompostierungsanlagen ...

(a) verbrauchen viel Energie.
(b) tragen zum Umweltschutz bei.
(c) verarbeiten Kompost.

18 Kompost ...

(a) besteht aus Lebensmittelabfällen und Pflanzenresten.
(b) enthält pro Kilo mehr als 900 Plastikteile.
(c) enthält mehr Plastik als tierische und pflanzliche Abfälle.

19 Worauf ist bei der Mülltrennung zu achten?

(a) Glas, Steine und Plastik müssen getrennt voneinander gesammelt werden.
(b) Plastik darf nicht in die Biotonne gelangen.
(c) Plastikbeutel dürfen nicht benutzt werden.

20 Mikroplastikteilchen sind zu klein, ...

(a) als dass sie die Ökosysteme belasten könnten.
(b) als dass sie von Mikroorganismen vernichtet werden könnten.
(c) als dass man sie mit der Hand greifen könnte.

21 Was wissen wir heute noch nicht über Mikroplastik?

(a) Wie es zu Nanoplastik werden kann.
(b) Welchen Schaden es bei kleineren Organismen hervorrufen kann.
(c) Welche Auswirkungen es auf den Menschen haben kann.

Arbeitszeit: ca. 12 Minuten

Sie lesen in einer Zeitschrift Meinungsäußerungen zum Konsumverhalten junger Menschen. Welche Äußerung passt zu welcher Überschrift? Eine Äußerung passt nicht. Die Äußerung a ist das Beispiel und kann nicht noch einmal verwendet werden.

Beispiel

0 Tricks der Modeketten **Lösung:** a

22 Shopping-Technologien faszinieren die Jugendlichen

23 Junge Verbraucher sind leichter zu beeinflussen als ältere

24 Schlimme Folgen des Kaufrausches

25 Arbeitsbedingungen gleichen oft moderner Sklaverei

26 Einkaufen macht glücklich

27 Aufgeklärte Konsumenten in Erstweltländern sind nötig

Konsumverhalten junger Menschen

a

Mehr Kollektionen mit kürzerer modischer Haltbarkeit: Ein geschickter Schachzug der Modeindustrie, um öfter und mehr zu verkaufen. Den Konsumenten ist wichtig, immer das Neueste zu haben, aber heute ist ja schon das Neueste da, wenn das Neue noch kaum veraltet ist.

Raphael, Wuppertal

b

Wohlstand hängt nicht nur von Konsummöglichkeiten ab, sondern auch stark von der Qualität der sozialen Beziehungen oder von der Möglichkeit, Teil einer Gemeinschaft zu sein. Wer weniger konsumiert, hat ein besseres Leben. Oder anders formuliert: Mit weniger materiellen Gütern hat man mehr Spaß.

Lotta, Offenbach am Main

c

Wir konsumieren in Industrieländern im Moment mehr als Menschen in anderen Ländern sich leisten können, und teils auf Kosten anderer. Der Verbraucher sollte eigentlich wissen, was er kauft und was das im Endeffekt (auch für die Produktionsländer) bedeutet.

Frida, Salzgitter

d

Viele Jugendliche würden gerne direkt auf ihren Social-Media-Plattformen wie YouTube einkaufen. Hier also erreichen Händler und Hersteller für ihre Angebote die Reichweite, die sie zum Erfolg brauchen. Die Warenbestellung per Spracherkennung ist eines der Spielzeuge, die auf große Zustimmung stoßen.

Lennard, Moers

e

Zwar ist die Kaufkraft der Jugendlichen so hoch wie noch nie, weil sie im Schnitt noch nie so viel Geld zur Verfügung hatten wie heute, aber sie hatten auch noch nie so viele Schulden – vor allem wegen regelrechter Shoppingexzesse.

Till, Paderborn

f

Unsere Generation wird sehr geschickt gesteuert. Jugendliche legen großen Wert auf das Urteil ihrer Altersgenossen und stützen sich auch beim Konsum auf die Meinungen anderer. Außerdem sind junge Menschen viel anfälliger für verlockende Konsumangebote als Erwachsene.

Mara, München

g

Beim Konsumieren geht es darum, dass wir unsere Wünsche erfüllen. Am besten lässt sich das mit einem Ziel vergleichen, das man sich selbst setzt und schließlich erreicht. Denn wenn man etwas besitzen möchte und es dann auch wirklich besitzt, macht das einfach zufrieden.

Yuna, Münster

h

Wie alle Industriezweige folgt auch die Textilindustrie den Gesetzen des grenzenlosen Wettbewerbs. Bekannte Modelabels lassen Kleidung in Drittweltländern herstellen, in denen Menschen kaum Rechte haben und Kinderarbeit oft toleriert wird. Ausgebeutete Arbeiter, eingestürzte Textilfabriken und hochgiftige Kleidung sind das Ergebnis des westlichen Konsumverhaltens.

Marlene, Freiburg

4 MODELLTEST Teil 5

Arbeitszeit: ca. 6 Minuten

Sie lesen im Internet die Teilnahmebedingungen für ein Facebook-Gewinnspiel. Welche der Überschriften aus dem Inhaltsverzeichnis passen zu den Paragrafen? Vier Überschriften werden nicht gebraucht.

Beispiel

0 **Lösung:** c

Teilnahmebedingungen für das Facebook-Gewinnspiel

Inhaltsverzeichnis

a Datenschutz

b Ausschluss

~~c~~ Gewinnbenachrichtigung

d Haftung und Freistellung

e Vorzeitige Beendigung sowie Änderungen

f Teilnahme

g Einreichen von Fotos

h Schlussbestimmungen

§ 0 c

Die Gewinner werden innerhalb einer Woche nach Teilnahmeschluss per Zufallsprinzip ermittelt. Es erfolgt eine Benachrichtigung per Facebook-Kommentar-Funktion oder in einem gesonderten Posting zusammen mit der Aufforderung, eine E-Mail an eine dort angegebene E-Mail-Adresse zu senden, in der die persönlichen Daten ordnungs- und wahrheitsgemäß übermittelt werden.

§ 28

Jeder Teilnehmer kann seine Bilder über das Onlineformular auf www.winwin.de/uploaden hochladen. Erlaubtes Dateiformat ist JPEG. Die Fotos müssen die Maximalauflösung der Kamera (16 Megapixel) haben. Die Mindestauflösung beträgt 4 Megapixel. Einsendeschluss ist der 31. Dezember. Mit Einsendung der Fotos muss der Teilnehmer seinen vollständigen Namen, seine Anschrift sowie seine E-Mailadresse angeben.

§ 29

Sofern der Teilnehmer Fotos hochlädt, garantiert er, dass er keine Inhalte übersendet, deren Bereitstellung, Veröffentlichung oder Nutzung gegen geltendes Recht oder Rechte Dritter verstößt.
Mit der Teilnahme am Gewinnspiel stellt der Teilnehmer Facebook von jeder Haftung frei.

§ 30

Wir sind verantwortlich für die Erhebung, Verarbeitung und Nutzung von personenbezogenen Daten der Teilnehmer, sofern wir diese selbst verarbeiten. Die Angaben zur Person des Teilnehmers sowie seine sonstigen personenbezogenen Daten werden nur im Rahmen der gesetzlichen Bestimmungen des Datenschutzrechtes verwendet. Informationen werden nur insoweit gespeichert, verarbeitet und genutzt, soweit dies für die Durchführung des Gewinnspiels erforderlich ist.

MODELLTEST 5

5 MODELLTEST Teil 1

Arbeitszeit: ca. 18 Minuten

Sie lesen in einem Forum, was junge Leute über Kunst denken.
Auf welche der vier Personen treffen die einzelnen Aussagen zu? Die Personen können mehrmals gewählt werden.

Beispiel

0 Wer ist von zeitgenössischer Malerei begeistert? **Lösung:** a

1 Wer glaubt, dass Kunstwerke von außergewöhnlichen Menschen gemacht werden?

2 Wer meint, dass Kunst eine Botschaft ihres Erschaffers enthält?

3 Wer erkennt die pädagogische Funktion der Kunst?

4 Wer versucht sich selbst künstlerisch auszudrücken?

5 Wer ist davon überzeugt, dass Kunst den Menschen die Welt begreifbar macht?

6 Wer liest besonders gern?

7 Wer meint, dass Kunst zeigt, wie sich die Menschen geistig entwickelt haben?

8 Für wen ist Malerei schwer begreifbar?

9 Wer betont die heilende Wirkung von Kunst?

Von Kunst begeistert

a Alexander

Ich bin ein neugieriger Mensch, der mit offenen Augen durch die Welt geht und fasziniert von den Möglichkeiten ist, die sich so bieten. Kunst ist Kommunikation. Sie gibt mir die Möglichkeit, die Welt durch andere Augen zu sehen und zu erfahren, was andere Menschen wahrnehmen. Alte Gemälde, auf denen reiche dicke Männer zu sehen sind, beeindrucken. Keine Frage! Faszinierender finde ich jedoch Bilder, die von der heutigen Gesellschaft inspiriert sind, da sie eine besondere Dynamik haben. Kunst spielt in meinem Leben eine große Rolle, denn meine Sinneswahrnehmungen sind sehr ausgeprägt. Außerdem suche ich immer wieder nach Ausdrucksformen, um in Kontakt mit meiner Umwelt zu treten. Sei es über Schrift – ich bin ein „Bücherfresser" – Musik oder Bilder. Ich „konsumiere" Kunst in allen möglichen Formen und versuche auch kreativ zu sein und ein paar Spuren zu hinterlassen.

b Tilda

Es gibt keinen Zweifel, dass Kunst mehr als ein Bild, ein Buch oder ein Musikstück ist, mehr als ein dekoratives Kunstwerk. Ob politisch oder unpolitisch, ob gesellschaftskritisch oder absichtlich banal, ob gegenständlich oder abstrakt, Kunst beherbergt eine Mitteilung des Künstlers, mit der wir uns identifizieren und die wir nur allzu gerne teilen – wie eine Art Weltanschauung, von der wir möchten, dass auch andere an ihr teilhaben. Auf diese Weise kommen die Menschen sich näher. Außerdem hat die Kunst die Macht, die Menschen zu bereichern, denn sie spiegelt unsere heutige Gesellschaft in ihrem Denken, Fühlen und Verhalten wieder. Ein weiterer Aspekt, der selten erwähnt wird, ist der therapeutische Charakter von Kunst. Sie kann Menschen helfen, sich wieder im normalen Leben zurechtzufinden, wie z.B. die Maltherapie, die oft bei kleinen Kindern eingesetzt wird, aber auch bei Erwachsenen, die ihr inneres Gleichgewicht wiedererlangen wollen.

c Sam

Kunst ist eine Form der Gefühlsäußerung, ein Fenster der Seele. Es ist kein Zufall, dass Kunstwerke von einzigartigen Menschen produziert werden, die eine besondere Leidenschaft und eine interessante innere Welt besitzen. Durch verschiedenste Stilepochen, wie z.B. Antike, Renaissance, Barock, Jugendstil usw., zog sich die Kunst hindurch, wie das Blut durch die Adern. Wobei man sich persönlich fragen sollte, wenn es um die reine Ästhetik geht, wo die Kunst beginnt und wo sie endet. Da gibt es sehr grauflächige Zonen, welche nicht dem durchschnittlichen Geschmack entsprechen. Die Kunst besteht nach meinem Dafürhalten darin, dass sie den Menschen die Welt verstehbar macht. Daher ist Kunst auch wichtig, da sie den menschlichen Fortschritt im geistigen Bereich zeigen kann. Letztendlich gilt auch hier: Kunst ist nicht immer Kunst. Es kommt auf den Blickwinkel an.

d Leander

Für mich ist Kunst ein dekoratives, schmückendes Beiwerk. Es bringt nicht nur Farben und Strukturen in die Räume, sondern füllt diese überdies mit Leben. Ich habe selbst zu Hause einen Tisch und zwei Stühle im Jugendstil. Die gehörten meiner Großmutter und sind wirklich wertvoll! Mit Gemälden bin ich jedoch nicht so vertraut. Ich verstehe diese Kunstarten nicht und besuche nur selten Ausstellungen. Ich finde, man muss wirklich gut in diesem Gebiet beschlagen sein, um die Kunstwerke der modernen Maler und Bildhauer zu verstehen. Von allen Künsten ist mir die Filmkunst am liebsten. Filme rufen schöne Gefühle hervor, sie regen zum Nachdenken an, sie machen uns stärker und reicher. Gute Filme lassen niemanden kalt. Im Gegenteil, sie unterhalten den Menschen. Die meisten Filme sind spannend oder haben eine erzieherische Funktion. Keine andere Kunst ist so volksnah und populär wie der Film.

Arbeitszeit: ca. 12 Minuten

Sie lesen in einer Zeitschrift über einen besonderen Ausbildungsweg. Welche Sätze passen in die Lücken? Zwei Sätze passen nicht.

Auf der Walz

Was kommt nach der Schule? Studium, duale Ausbildung, ein Freiwilliges Soziales Jahr?

Es gibt Jugendliche, die sich für einen anderen, den vielleicht altmodischsten Weg entscheiden, für einen, der am meisten Überwindung kostet: sie gehen auf die Walz, d.h. auf Wanderschaft. Es sind junge Menschen, die den Beruf des Handwerkers ergreifen wollen. **(...0...)** Damit folgen sie einer Tradition, die bis ins Mittelalter zurückreicht.

Zu jener Zeit bildeten Handwerker in ihren eigenen Betrieben Gesellen aus. Bald aber schon waren die Gesellen mehr, als die Handwerker beschäftigen konnten. **(...10...)** In nachmittelalterlicher Zeit wurde dann in bestimmten Zünften die Pflicht zur Wanderschaft der Gesellen als Teil des vorgeschriebenen Ausbildungsweges eingeführt. **(...11...)** Der Übergang zur Industriegesellschaft im 19. Jahrhundert war verantwortlich dafür, dass die Walz beinahe unterging.

Um 1980 wuchs das Traditionsbewusstsein wieder. Gleichzeitig setzten sich auch die Emanzipation der Frauen und der Geist der alternativen Lebensweise durch. **(...12...)** Seit der deutschen Wiedervereinigung ist für viele ostdeutsche Gesellen die Walz eine Alternative. Sie bietet ihnen die Möglichkeit, der wachsenden Arbeitslosigkeit zu entgehen. Seitdem ist die Zahl der Wandergesellen deutlich gestiegen.

Aber was bedeutet es denn nun, auf die Walz zu gehen?

Man muss sich Regeln unterwerfen, die teilweise aus dem 14. Jahrhundert stammen und die nirgendwo niedergeschrieben sind. **(...13...)** Die Gesellen müssen unverheiratet sein, unter 30 und im Besitz des Gesellenbriefes. Die Wanderschaft muss mindestens drei Jahre und einen Tag dauern. Sie dürfen nicht mehr besitzen, als sie am Körper tragen können. **(...14...)** Hose mit weitem Schlag, Weste, Jackett, Hut und Wanderstock in einer Farbe, die anzeigt, welcher Branche man angehört. Ihr ganzes Hab und Gut tragen sie in einem Stoffbündel bei sich: Schlafsack, T-Shirts, Unterhosen und einige Paar Socken. Ein Handy gehört natürlich nicht dazu. Obligatorisch ist das Wanderbuch, das Fotos, handschriftliche Einträge und Stempel von Städten, die man schon besucht hat, enthält.

Man muss Menschen finden, die einem Schlafplatz oder Mitfahrgelegenheit anbieten. **(...15...)** Man wird heute hier, morgen dort für wechselnde Meister arbeiten und von der Großzügigkeit anderer abhängig sein. Und was gewinnen diese jungen Leute? Die Walz ist eine Mutprobe. Man muss verzichten können und durchhalten, um sie zu bestehen. Mit einem Wort: man gewinnt Lebenserfahrung.

Beispiel

0 Zum Beispiel wollen sie Zimmerer, Tischler, Dachdecker oder Maurer werden.

a Damit wurde die Walz zur Voraussetzung für einen Meistertitel.

b So sollte die Walz der Auslese dienen.

c Und diese Kleidung ist wahrhaft charakteristisch.

d Nun gingen Gesellen beiderlei Geschlechts wieder auf Wanderschaft.

e Denn wer die Tracht trägt, muss sich stets ehrbar verhalten.

f Sie werden schon seit jeher nur mündlich weitergegeben.

g Stattdessen übernachten sie manchmal im Freien.

h Für Übernachtung und Transport darf man nämlich kein Geld ausgeben.

Arbeitszeit: ca. 12 Minuten

Sie lesen in einer Zeitung einen Artikel über die Arbeit von Kinderbuch-Autoren. Wählen Sie bei jeder Aufgabe die richtige Lösung.

Schreiben in Freiheit, und doch unter Druck

Julia B. träumte schon als Kind davon, Schriftstellerin zu werden. Als sie dann schließlich mit ihren Kindergeschichten für 3 bis 15-Jährige bekannt wurde, da war sie schon 30 Jahre alt. Heute – mehr als 20 Jahre später – stehen 170 eigene Bücher in ihrem Regal.

Aber was genau macht eigentlich einen guten Kinderbuch-Autor aus? Darauf antworten bekannte Schriftsteller, man müsse das innere Kind lebendig halten, man müsse dann aus der eigenen kindlichen Seele heraus schreiben, man dürfe die Kinder nicht grob belehren wollen. Natürlich sei der Kontakt zu Kindern ganz wichtig, denn nur so wisse man, wie sie denken, was sie bewegt.

Eigentlich sind Kinder- und Jugendbücher ein erfolgreiches Marktsegment. Im Jahr 2017 war es laut dem Börsenverein des Deutschen Buchhandels die zweitwichtigste Warengruppe im Verlagswesen, gleich nach der Belletristik und vor den Ratgebern.

Warum aber haben dann nicht alle Kinderbuch-Autoren Erfolg? Einen Vertrag bei einem Verlag zu bekommen, gleicht nämlich einem Hauptgewinn. Und hat man den in der Tasche, muss man ständig Neues nachliefern, um sich finanziell über Wasser zu halten.

Deshalb setzt sich nun auch in Deutschland durch, was in Amerika schon länger gang und gäbe ist. Fachleute – sogenannte Literatur-Agenten – übernehmen eine Vermittlerrolle zwischen den potentiellen Autoren und den Verlagen. Die Literatur-Agenten haben den Vorteil, dass sie über ein Netzwerk bei den Verlagen verfügen, deren Lektoren sich einen Teil der Arbeit – nämlich die der Vorauswahl von Büchern, die Erfolg versprechen – ersparen wollen. Zudem können die Agenten bei den Verlagen bessere Konditionen aushandeln. Sie achten nämlich auf das Kleingedruckte, zum Beispiel die Laufzeit der Verträge, die Höhe des Vorschusses oder die Rechte über das Buch. Dafür erhalten sie zwischen 15 und 20 Prozent vom Gewinn des Autors an seinem Buch.

Allerdings reicht es im heutigen Buch-Business nicht mehr aus, einfach eine schöne Geschichte zu präsentieren. Die Veröffentlichung eines Buches hängt vielmehr auch davon ab, ob es marktgängig ist: Kann aus dem Inhalt ein Hörbuch, ein Film, ein Adventskalender oder ein Stofftier gemacht werden? Die Autoren müssen die Bedürfnisse des Marktes bedienen, so wie sie vom Marketing der Verlage eingeschätzt werden.

Eine weitere Einkommensquelle sind Lesungen, auf die Kinderbuch-Autoren kaum mehr verzichten können. Hier kann der Autor schnell feststellen, ob er die Aufmerksamkeit der jungen Leser fesseln kann, ob und wie sein Text wirkt. Lesungen zu absolvieren bedeutet allerdings, viel unterwegs zu sein. Für manche ist das ein notwendiges Übel, für andere die Möglichkeit, sich Inspiration zu holen.

Sicher ist der Beruf des freien Kinderbuch-Autors kein leichtes Brot. Er scheint voller Hürden und Herausforderungen. Er hat jedoch einen gewichtigen Vorteil, nämlich den der freien Zeiteinteilung. Zumindest für Menschen, denen ihre Freiheit wichtiger ist als ein geregeltes und sicheres Leben.

Beispiel

0 Wer kann gute Kinderbücher schreiben?

- ☒ Wer sich wie ein Kind fühlt.
- (b) Wer schon als Kind davon geträumt hat.
- (c) Wer Kindern etwas beibringen möchte.

16 Kinderbücher ...

- (a) werden weniger häufig gekauft als Ratgeber.
- (b) waren 2017 an erster Stelle gefragt.
- (c) werden generell gut verkauft.

17 Wer als Kinderbuch-Autor einen Vertrag hat, ...

- (a) hat auch Erfolg.
- (b) muss immer neue Bücher schreiben.
- (c) hat keine finanziellen Schwierigkeiten.

18 Literatur-Agenten ...

- (a) setzen sich für Schriftsteller ein.
- (b) arbeiten bei einem Verlag.
- (c) schließen Verträge mit Verlagen.

19 Was macht ein Kinderbuch für den Markt attraktiv?

- (a) Die Qualität der Geschichte.
- (b) Die Möglichkeit seiner Vermarktung.
- (c) Die Einschätzung durch die Verlage.

20 Lesungen ...

- (a) bieten Autoren und Lesern nur Vorteile.
- (b) entscheiden über den Erfolg eines Buches.
- (c) geben Aufschluss über die Wirkung eines Buches.

21 Als Kinderbuch-Autor ...

- (a) führt man ein geregeltes Leben.
- (b) kann man sich seine Arbeit einteilen.
- (c) verdient man eine Menge Geld.

5 MODELLTEST Teil 4

Arbeitszeit: ca. 12 Minuten

Sie lesen in einer Zeitschrift Meinungsäußerungen zur Vielfalt in der Gesellschaft. Welche Äußerung passt zu welcher Überschrift? Eine Äußerung passt nicht. Die Äußerung a ist das Beispiel und kann nicht noch einmal verwendet werden!

Beispiel

0 Pluralismus statt mangelnder Akzeptanz des Andersseins **Lösung:** a

22 Die Bedeutung der Erziehung im Kampf gegen Intoleranz

23 Schwere Eingliederung für Gehandicapte

24 Vielfalt macht den Reichtum unserer Zivilisation aus

25 In unserer Gesellschaft ist eine breite Palette von Lebensmustern zu finden

26 Ethnische Minderheiten brauchen eine andere Politik

27 Religiöse Pluralität ist keine Bedrohung

Vielfalt in der Gesellschaft

a (durchgestrichen)

Eine pluralistische Gesellschaft lebt davon, dass sie die unterschiedlichen Lebensentwürfe von Menschen achtet, wertschätzt und ihre Freiheitsrechte schützt. Wo Intoleranz herrscht, wo andere Menschen aufgrund ihrer Andersartigkeit nicht toleriert und geduldet werden, wird das Leben eng.

Liam, Cottbus

b

Was in der geschlechterpolitischen Debatte oft vergessen wird, ist die Vielfalt der individualisierten Lebensstile der Moderne – und damit auch der Geschlechterverhältnisse. Es gibt Singles und Kinderlose, Ledige und Verheiratete, harmonisch getrennt Lebende und im Streit Geschiedene; zudem Stief-, Pflege- und Adoptiveltern, gleichgeschlechtliche Paare und Regenbogenfamilien.

Jasmin, Meersburg

c

Die Bereitschaft zur Gewährung von Anerkennung und Teilhabe gegenüber Muslimen ist bei Jugendlichen deutlich höher als bei Erwachsenen. Moscheebauten oder Lehrerinnen mit Kopftuch machen keinem Angst. Vielfalt ist in der jungen Generation längst Alltag geworden, da wir Muslimen deutlich häufiger persönlich begegnen als z.B. unsere Eltern.

Nico, Fellbach

d

Die ethnische, kulturelle und soziale Pluralisierung der Gesellschaft sind notwendige Voraussetzungen, wenn man Rassismus und Rechtsextremismus beschränken will. Man muss lernen, wie man mit Unvertrautem umgeht. Diskriminierung kennt viele Auslöser und hat viele Gesichter, deswegen ist Vielfalt wichtiger als Einfalt.

Noah, Ilmenau

e

Höre ich das Wort „Verschiedenheit", denke ich sofort an Menschen mit Behinderung. Die sind von Exklusion betroffen, da sie in großer Anzahl in besonderen Wohnformen, Schulen, Arbeitsstätten usw. untergebracht sind und ihnen so Teilhabechancen genommen werden. Die getrennten Lebenswelten machen ein empathisches Miteinander schwierig.

Mika, Bamberg

f

Im Fall von z.B. Roma-Jugendlichen und jungen Erwachsenen ist gesellschaftliche Vielfalt nur ein leeres Wort, ohne den Versuch den Teufelskreis von mangelnder Qualifikation, Arbeitslosigkeit und Straffälligkeit zu durchbrechen und eine adäquate Alternative in den Bereichen schulische und berufliche Bildung zu schaffen.

Veronika, Hannover

g

Deutschlands Ruf als große europäische Kulturnation gründet auf bekannten Namen, einer lebendigen aktuellen Kunstszene und einer weltoffenen Vielfalt. Die eine Kultur Deutschlands gibt es nicht. Es gibt viele, die gleichzeitig und oft erstaunlich gegensätzlich nebeneinander her existieren, ineinander verwoben, einander abstoßend und anziehend.

Nele, Rothenburg

h

Damit wir auch in Zukunft in einer lebendigen Gesellschaft der Vielfalt ohne Diskriminierung und Benachteiligung leben können, muss Vielfalt auch in der Schule erlebbar sein. Denn in ihrem nahen Umfeld entwickeln Kinder und Jugendliche ein Verständnis für Unterschiedlichkeit als Chance und Reichtum für alle.

Zoe, Diemelstadt

5 MODELLTEST Teil 5

Arbeitszeit: ca. 6 Minuten

Sie möchten eine Aktivreise unternehmen und lesen die Reisebedingungen. Welche der Überschriften aus dem Inhaltsverzeichnis passen zu den Paragrafen? Vier Überschriften werden nicht gebraucht.

Beispiel

0 **Lösung:** e

Reisebedingungen von Wanderreisen der EUROFUN TOURISTIK GMBH

Inhaltsverzeichnis

a Leistungen
b Rücktritt des Kunden
c Pauschalreiseverträge
d Absicherung von Kundengeldern
~~e~~ Reiseteilnahme
f Individuelle Reisegestaltung
g Abschluss des Reisevertrags
h Verbraucherschlichtungsstellen

§ 0 e

Die Teilnahme an den angegebenen Reisen erfolgt auf eigene Gefahr. Minderjährige können nur in Begleitung eines Erziehungsberechtigten an einer Reise teilnehmen.
Der Reisende hat vor der Teilnahme sicherzustellen, dass alle Voraussetzungen für einen Reiseantritt erfüllt sind (z.B. selbstständige An- und Abreise zum Startort der Reise, vollständiger Zahlungseingang des Rechnungsbetrages entsprechend den vereinbarten Zahlungsfälligkeiten).

§ 28 ◯

Die Anmeldung zu einer Reise kann mündlich, telefonisch, mittels Buchungsformular (online oder in gedruckter Form), per Post, per E-Mail oder auf sonstige schriftliche Weise erfolgen. Mit der Anmeldung bietet der Reisende dem Unternehmen den Abschluss eines Reisevertrags an. Durch Zusendung der Buchungsbestätigung ist der Vertrag abgeschlossen.

§ 29 ◯

Vor Reiseantritt kann der Reisende jederzeit vom Vertrag zurücktreten, dies ist schriftlich zu erklären. Im Falle der Stornierung oder des Nichtantritts der Reise werden Stornogebühren verrechnet. Zur Deckung anfälliger Stornogebühren ist eine Reiserücktrittsversicherung empfehlenswert.
Jeder angemeldete Reisende kann sich bis spätestens sieben Tage vor Beginn der Reise durch einen geeigneten Dritten ersetzen lassen und somit den Vertrag auf eine Person übertragen, die alle Vertragsbedingungen erfüllt.

§ 30 ◯

Im Falle der Zahlungsunfähigkeit des Reiseveranstalters wird dem Kunden sein Geld zurückerstattet. Tritt die Insolvenz des Reiseveranstalters nach Beginn der Reise ein und ist die Beförderung Bestandteil der Reise, so wird die Rückbeförderung der Reisenden gewährleistet.

Quellenverzeichnis

Seite 8: a, c: © Pixabay; b: © INGRAM
Seite 9: © VectorStock
Seite 13: © Pixabay
Seite 16: © Pixabay
Seite 17: © Pixabay
Seite 23: a: © Manuela Georgiakaki; b, c: © Pixabay
Seite 25: © ms design
Seite 27: 1, 2, 4, 6, 7 © Pixabay; 8 © Uwe Jens Karl / pixelio.de
Seite 28: © Pixabay
Seite 34: Feuerlöscher, Stecker, Wasserkocher, Schließfach, Kuvert, Waffen, Lastwagen: © Pixabay; Haustürschlüssel, Bügeleisen: © CHR. Karabatos-Verlag-Archiv
Seite 36: © Pixabay
Seite 38: © Pixabay
Seite 39/40: Text: © aktuell für die Frau, 3/2018; Fotos: © Pixabay
Seite 42: 3: c, d: © Pixabay
Seite 43: 1: © Tim Reckmann / pixelio.de; 2, 3: © Pixabay
Seite 46: © Pixabay
Seite 50: Text: © Besucherordnung des Deutschen Hygiene-Museums Dresden, Stiftung Deutsches Hygiene-Museum
Seite 53: a, b: © Pixabay; c: © Salih Ucar / pixelio.de
Seite 55: 3b: 4: © Thinkstock / Ideal Image; 4: © Pixabay
Seite 58: 1, 2: © Pixabay
Seite 60: © Pixabay
Seite 62: 1, 2, 4, 5: © Pixabay; 3: © LexiCON Image Collection
Seite 69: © Pixabay
Seite 71: © ms design
Seite 74: 2d: © Pixabay
Seite 75: a, d: © Pixabay; e: © wikipedia
Seite 76: Text: © centaur, Rossmann GmbH, April 2018
Seite 78: © Pixabay
Seite 81: 1, 3: © Pixabay
Seite 83: Text: © FU-Mitteilungen 31/2017
Seite 87: a, b, c, d: © Pixabay
Seite 88: © wikipedia
Seite 97: © Pixabay
Seite 98: © Pixabay
Seite 107: c: © Shutterstock
Seite 108: © Pixabay
Seite 110: © Pixabay
Seite 117: a, b, d: © Pixabay; c: © AbsolutVision Photo Gallery
Seite 118: © Pixabay
Seite 120: © Pixabay
Seite 127: a, c, d: © Pixabay; b: © Melanie Adler
Seite 130: © Pixabay
Seite 85, 90, 95, 105, 107 (a, b, d), 115, 125: © freepik

Wir haben uns bemüht, alle Inhaber von Bild- und Textrechten ausfindig zu machen. Sollten Rechte-Inhaber hier nicht aufgeführt sein, so ist der Verlag für entsprechende Hinweise dankbar.

Antwortbogen LESEN

Nachname: ______________________ Vorname: ______________________

Kurs: ______________________ Datum: ______________________

Markieren Sie so: ☒

NICHT so:

Füllen Sie zur Korrektur das Feld aus: ■

Markieren Sie das richtige Feld neu: ☒

Teil 1

	a	b	c	d
1	☐	☐	☐	☐
2	☐	☐	☐	☐
3	☐	☐	☐	☐
4	☐	☐	☐	☐
5	☐	☐	☐	☐
6	☐	☐	☐	☐
7	☐	☐	☐	☐
8	☐	☐	☐	☐
9	☐	☐	☐	☐

Teil 2

	a	b	c	d	e	f	g	h
10	☐	☐	☐	☐	☐	☐	☐	☐
11	☐	☐	☐	☐	☐	☐	☐	☐
12	☐	☐	☐	☐	☐	☐	☐	☐
13	☐	☐	☐	☐	☐	☐	☐	☐
14	☐	☐	☐	☐	☐	☐	☐	☐
15	☐	☐	☐	☐	☐	☐	☐	☐

Teil 3

	a	b	c
16	☐	☐	☐
17	☐	☐	☐
18	☐	☐	☐
19	☐	☐	☐
20	☐	☐	☐
21	☐	☐	☐

Teil 4

	a	b	c	d	e	f	g	h
22	☐	☐	☐	☐	☐	☐	☐	☐
23	☐	☐	☐	☐	☐	☐	☐	☐
24	☐	☐	☐	☐	☐	☐	☐	☐
25	☐	☐	☐	☐	☐	☐	☐	☐
26	☐	☐	☐	☐	☐	☐	☐	☐
27	☐	☐	☐	☐	☐	☐	☐	☐

Teil 5

	a	b	c	d	e	f	g	h
28	☐	☐	☐	☐	☐	☐	☐	☐
29	☐	☐	☐	☐	☐	☐	☐	☐
30	☐	☐	☐	☐	☐	☐	☐	☐

Punkte Teile 1 bis 5 ☐☐ / 30

Gesamtergebnis:
(nach Umrechnung) ☐☐☐ / 100